中華文化思想叢書

# 禮之退隱：近代中國刑律變動及其思想爭論

成富磊 著

# 導論

## 一　問題的提出

《論語・為政》篇孔子云：「道之以政，齊之以刑，民免而無恥；道之以德，齊之以禮，有恥且格。」早期中國思想家將國家治理要素總結為「德」、「禮」、「政」、「刑」四者，且以「德禮」與「政刑」相對。本書聚焦於「禮」、「刑」二要素的關係。以「禮」、「刑」在國家治理體系中基礎性地位的不同，可將中國古代文明分成兩個時段：古典時代與傳統時代。其分界點在春秋之末。此前治理體系之基礎性要素為禮，此後則為刑。[1]古典時代中國之治理方式並無成文法典。三代以後，伴隨周禮崩壞而來的歷史事件，是春秋鄭子產鑄刑鼎公布成文法。《左傳・襄公九年》疏文云：「鄭鑄刑書而叔向責之，晉鑄刑鼎而仲尼譏之，彼鑄之於鼎以示下民，故譏其使民知之。」站在孔子的立場上說，這是一種治理原則的失序。

不同於古典時代的純任禮治，禮主法輔成為中國傳統時代律典的思想基礎。春秋戰國以來，中國歷史的趨勢就是大一統王朝的形成，

---

[1] 舊學中人多持此義，比如吉同鈞曾云，「特是三代以前刑律與道德合為一體」，只是「及戰國道德衰微而法律乃為專門之學」。吉同鈞：《大清現行刑律講義》，北京大學圖書館閱覽室藏京師法政法律學堂用書 1910 年版，第 1 頁。

至秦而極。隨之而來的是國家層面律令體系之形成，而其根基即法家之成文法典，《法經》乃其源頭。「自漢蕭何因李悝《法經》增為九章，而律於是乎大備，其律所不能該載者，則又輔之以令。」[1]自此而後，儒者所能做的就是在承認大一統王朝律令體系的前提下援禮入律。職是之故，以禮之原則改造秦制，成為後世中國思想史的一大主題。

班固《漢書·藝文志》法家類小序存劉歆《七略》語云：「法家者流，蓋出於理官，信賞必罰，以輔禮制。」這一禮主法輔的治理模式為漢代官方所承認。其後，禮教內容持續影響律典，其標誌性事件即《晉律》所確立的「准五服以治罪」之原則。瞿同祖先生稱之為「法律的儒家化」。其後，「元魏之律遂彙集中原、河西、江左三大文化因子於一爐而冶之，取精用宏」。[2]至《唐律》而備，《四庫全書總目提要》謂《唐律》「一依於禮」，出入得古今之平，成為此後東亞刑律之準則。至明，法典形式又一變，大凡以六部分科，於服制亦多變亂而清承之。要言之，律典這一制度形式實為傳統中國思想史上禮法之爭的集中體現。

以禮教思想為基礎的律典試圖實現的是對社會全面的治理，以西方現代法學視角看是諸法合體。其特別之處在於對「君」、「親」二者異於凡人的規定。禮教的核心原則為「親親」、「尊尊」，「親」表現為規定血親關係的「服制」，「尊」之大端為「君權」。二者在律典中的表現就是對「君權」與「服制」的特別規定。

傳統史學講究察勢觀風，近代中國之大勢就是中國由外在入侵導致自身的一系列調整。新政上諭的發佈，是整個國家對這一變局認同

---

[1] 胡星橋、鄧又天主編：《讀例存疑點注》，中國人民公安大學出版社1994年版，自序。

[2] 陳寅恪：《隋唐制度淵源略論稿》，中華書局1963年版，第101頁。

的表示。回到歷史看這一問題，清之新政的實行「使得長期以來在此問題上的激烈社會衝突集中到了體制內部」。[1]按照通常的說法，因為列強對中國司法訾病頗多，雙方聚訟於治外法權問題，律典遂成為一極大問題。[2]律學大家薛允升看到了這一趨勢，曾謂此後修律則「服制」必壞。清官方真正下令修律是在新政中。這樣，彙集於律典中的禮法關係問題再次被激活。與古代中國不同的是，這次禮法關係再度被提出，乃是基於禮教原則面臨被根本拋棄，這也就是近代之變在律中的體現。這一過程發生的大背景是整個中華文明治理形式的改變，而其核心就是西方「憲政」治理因素的引入。本研究正是試圖展現這一歷史過程，並思考圍繞刑律中的有關君親的規範條文而來的禮、法、憲之糾葛。

---

[1] 關曉紅：《晚清學部研究》，廣東教育出版社 2000 年版，第 4-5 頁。

[2] 就晚清法律改革之緣起，一個普遍的看法是：西方列強在中國擁有領事裁判權的重要藉口就是中國法律的落後和野蠻。1902 年前後西方列強在以《馬凱條約》為代表的雙邊條約中，做出了有條件放棄領事裁判權的承諾。這成了晚清進行以西方為取向的法律移植的誘因。參見李啟成：《領事裁判權制度與晚清司法改革之筆端》，《比較法研究》2003 年第 4 期；張德美：《探索與抉擇——晚清法律移植研究》，清華大學出版社 2003 年版，第 150 頁。針對這一看法，高漢成先生專文批駁，認為「列強的承諾是虛偽的」，修律作為清末新政的一部分，是服務於這一整體政治局勢的。因此，如何收回領事裁判權問題與清末法律改革無關，其只能是法律改革的歷史背景而非直接原因。參見高漢成：《晚清法律改革動因再探——以張之洞與領事裁判權問題的關係為視角》，《清史研究》2004 年第 4 期。法國學者 Jerome Bourgon（鞏濤）的論文反駁了 Meijer 的中國修律主要受到西方的衝擊和收回法權願望的推動的觀點。通過分析薛允升和沈家本對於廢除重刑的意見，他認為應重新關注和評價中國法律傳統對於清末修律的作用。參見 Jerome Bourgon, "Abolishing Cruel Punishments: A Reappraisal of the Chinese Roots and Long-term Efficiency of the Xinzheng Legal Reforms", *Modern Asian Studies*, 2003, 37（4），pp.851-862。張國華與李貴連先生也認為，收回領事裁判權並非沈家本最關注的，其主持修律「專以折衝樽俎、模範列強為宗旨」。參見張國華、李貴連主編：《沈家本年譜初編》，北京大學出版社 1989 年版，第 193 頁。

## 二　前人研究及存在問題

　　近代中國律典之變，最明顯的一點就是在具體的法條規定上與西方越來越接近，直至無甚大的區別。至南京國民政府定都南京，進行大規模修訂法律之後，六法體系在形式上趨於完善，與此同時，一股追求中國文化本位的思潮蓬勃興起。法律人士阮毅成於此潮流中發出感嘆：「我們可以在中國法律中看出某一國家的法條，卻找不到屬於中國的法條。」一句話，中國法律已經「看不見中國」[1]。自晚清提起修律動議以來，各方皆以刑律中的禮教條文為中國性之體現，抱持禮教理想的人亦以禮教為中國民情的最切當反映。故而可以說，阮毅成所謂中國法律中國性之喪失，集中到一點就是體現禮教思想的條文從刑律中全面退去。那麼，思想史如何思考這一制度變遷呢？

　　「二戰」以後，在美國興起的「中國研究」熱潮中，近代思想史一直是研究重點。近些年，有學者感嘆美國的中國近代思想史研究日漸沒落，而其沒落之因，則在二十世紀五〇年代美國中國學界即已自知。一九五一年，美國中國學界成立了「中國思想委員會」。費正清（John King Fairbank）後來回憶，當時美國的諸位中國研究專家「普遍認為，西方的學者們長久以來忽視了一些中國傳統觀點在其社會及歷史上所起的作用」。費正清說：「如果真是那樣的話，結果是非常危險的。」[2]時至今日，一個甲子過去了，當年美國學者注意到的問題仍沒有被今天的研究者真正注意。顯然，這裡所謂的「傳統觀點」包括一些長久以來支配中國甚至可以說是讓中國得以成為中國的思想原則。

---

1　阮毅成：《怎樣建設中國本位的法律》，載文化建設月刊社編：《中國本位文化建設討論集》，文化建設月刊社 1936 年版，第 366-370 頁。

2　〔美〕費正清主編：《中國的思想與制度》，郭曉兵等譯，世界知識出版社 2008 年版，第 13 頁。

與此同時，中國的思想史研究卻並未見衰弱趨向，而是向多維度展開，其中的重要方向即是對包括報刊等諸多近代新出知識載體中蘊含的思想內涵的發掘，這點在清末以來修律的研究中亦有體現。圍繞清末修律，現有研究的熱點無疑是「禮法之爭」，現有研究多圍繞修律中的關鍵人物展開，如沈家本。這也是本研究關注的重心。黃源盛教授的論文以中華法系的自身演變為線索，認為晚清的修律是迫於內外壓力所進行的一次突破性變革。論文從「對我國舊法例的整理」、「各國新法例的採擷」、「近代法制及法學教育的建立」等幾個方面總論沈家本的法律思想。黃教授認為，主導清末修律的沈家本，其思想底色為近代的人權平等說與人道論，只是迫於禮教派壓力而沒有「大聲疾呼」。然而，蘇亦工先生的論文《沈家本與中國律典傳統的終結》對沈家本作用的認識就與黃先生不同，蘇先生聯繫官方意見來考察沈家本對於晚清修律之實際作用，他認為，既存研究有否定清末法律改革而肯定沈家本的「悖論」。該文通過辨析沈家本和伍廷芳二人的具體作用，強調伍廷芳的修律貢獻；而認為沈家本只是遵從清廷的指導思想，「新刑律的通過最終還是靠著日本的榜樣力量和清廷的認可，而不單是沈家本的『據理力爭』」[1]。不過，同樣注意分析清廷官方意見的徐顯明教授卻認為，沈家本主導的修律行為「打破了清廷官方定下的教條」，與蘇亦工先生意見正相反。

　　李貴連教授幾十年來專研沈家本，幾乎在沈家本研究的任何一個層面上都做出了開拓性與代表性的貢獻。李教授認為，沈家本的思想追求以法治為核心，這點可以從其主張「人格平等」、「罪刑法定」、「司法獨立」三方面得到證明，對比與之爭論的諸位，沈家本的思想乃是「會通中西」的。李教授認為，楊度與勞乃宣的觀點為

---

[1] 蘇亦工：《明清律典與條例》，中國政法大學出版社 2000 年版，第 368 頁。

「本質論」，勞乃宣的本質論是堅持「綱常禮教」為好法，楊度對好法的本質論理解是「國家主義」，「這是法派和禮派之間爭執的關鍵」。可見，李教授的研究也是以人權、平等話語在沈家本著作中的出現為關注點，區分論爭雙方。[1] 顯然，李貴連教授對沈家本的評價很高，認為沈家本的思想更為現代；李光燦先生的《評〈寄簃文存〉》一書，對沈家本這一文集進行了全面分析，不少地方顯示出李先生極深的功力，不過其評價標準仍基本與李貴連等先生相同，是基於啟蒙以來的西方思想，故李書緒論亦稱沈家本為「中國近代啟蒙的法理學家」。[2]

同樣是書寫禮法論爭，梁治平先生的近作筆觸簡潔，以特殊主義與普遍主義揭示爭論雙方的核心區別。梁先生以關鍵詞的形式，分析禮教派「詞彙庫裡出現最多的民俗、國情、習慣、歷史等」與法理派「動輒講世界各國、環球公理、科學進步」之不同。如此看來，「在誰掌握普遍主義話語，誰就天然地擁有辯論上的優勢和強者地位」的中國近代，掌握普遍主義話語的法理派獲得最終的勝利就不足為奇了。不過正如梁治平自言，他此處之所謂特殊主義與普遍主義，其概念內涵乃是話語研究，並非禮教派與法理派這種區分所點明的「實質性論爭」。對比現代轉型視角，雖然這一視角得出的結論不同，承認

---

[1] 這一研究取向有眾多學者，比如范忠信從新刑律所帶來的倫理革命角度進行分析，提出新刑律是「法律的精神革命」。參見范忠信：《沈家本與新刑律草案的倫理革命》，《政法論壇》2004 年第 1 期。

[2] 李光燦：《評〈寄簃文存〉·緒論》，群眾出版社 1985 年版，第 1 頁。但是，不同意見也是存在的。Kenneth G. Wheeler 的博士論文指出沈家本修律的目標在於取得一種平衡：既要尊重中國傳統，也可以應付西方模式的挑戰。儘管受到不少大吏的反對，但是沈家本為中國體制的現代化提供了一種務實的模式。Kenneth G. Wheeler, *Shen Jiaben*（1840-1913）：*Toward a Reformation of Criminal Justice*（New Haven：Ph.D. Dissertation）, Yale University, 1998, p.131.

「禮教派當日提出的問題，實較法理派的更現實、更複雜、更深刻，因此也更值得重視」。[1]話語研究這一西方學術新的增長點，具有明顯反思現代學術傳統的特性，其與法學的現代轉型論題類似，並不是從中國禮律關係的內部視野出發進行研究。

自引進新刑律以來，外人對圍繞新刑律爭論的認知就在禮教與法理的對立上，時人亦是如此，但是，問題在於通過對歷史人物的判別式認識來區分雙方，有其限度。判別式的認識方式容易將人物單維化，看不到人物思想的變化性，因此越來越多的研究不滿意以禮法二者認知對立的雙方。俞江、李欣榮及高漢成等諸位研究先進即試圖突破禮法之爭這一認識困局，作出不同的努力方向。俞江教授的《傾聽保守者的聲音》一文較早從律學內部肯定吉同鈞的意見。[2]更為全面對清末修律中的「趨新」思潮作出探究的是李欣榮先生，他的博士論文《清季的刑律修訂及其思想論爭》為我們勾畫了清季刑律修訂的「故事」，但其討論的問題乃是透過修律及其引發的爭論檢討社會思潮漸趨激進的趨向，並發掘其中蘊含的社會劇變來臨之徵兆。高漢成的《簽注視野下的大清刑律草案研究》一書，從簽注的視角分析了當時朝臣對新刑律的認識，認為廷議主流是肯定新刑律草案，為我們加深對這段歷史的認識提供了很有價值的參考；對於禮律關係的問題，高漢成先生的文章有所措意，不過他僅僅點到為止：「《大清刑律》草案與當時現行的《大清律例》相比，有太多的『制度創新』，最明顯的就是它擯棄了中國傳統法律『禮法合一』的內在精神，造成了中國法律發展史上的一次『斷裂』。」至於如何認知這種斷裂，高先生的答案近於在原有認知框架內作出補充：「必須指出，目前學術界把

---

[1] 梁治平：《禮教派與法理派：特殊主義與普遍主義之爭》，《東方早報》2011 年 9 月 18 日。
[2] 俞江：《傾聽保守者的聲音》，《讀書》2002 年第 4 期。

禮法之爭僅僅視為封建法律思想和西方資本主義法律思想之爭，我認為是不夠的，在一定程度上也是不妥的。把張之洞劃到保守派的行列裡去，也是『冤枉』了他。禮法之爭所體現的，是兩種法律改革模式的爭論，本身無好壞、保守與進步之分。」[1]相比而言，李欣榮先生的文章的思想史意味更重一些，文章中也注意到了禮律關係。對於禮教原則的去除，文中以「儒學正統的思想資源不足以應付新的問題」來回答。[2]李先生亦不同意原有的禮教法理二分範式，提出以趨新取向與否來劃分爭論各方。

在思想史研究之外，由於研究對象的原因，法史學界對此亦有大量研究。關於這一部分的研究情況，在展開檢視之前，必須對近代以來中國法學的學科化歷程及其對本論題而言存在的問題做一澄清。傳統中國關於律典的研究有「律學」而無現代學科意義上的「法學」。清末新政時期中國從中央到地方師法日本，在法學一門上也有表現。「中國法制史」的概念出現於二十世紀初期的日本，隨後傳入中國，逐漸為中國學術界所接受。日本學者淺井虎夫的《「支那」法制史》、《中國法典編撰沿革史》以及東川德治的《「支那」法制史研究》等對中國學者的法制史撰寫有重要影響，這類著作的特點是以西方學科化的法學研究看中國律典傳統。楊鴻烈先生的《中國法律發達史》一書，更是中國法制史學的早期奠基性著作，至今被認為是釐定中國法制史學科體系框架的代表作。其編撰思想的一大特點就是以西方法的部門分類，對中國歷代法制的內容進行歸類闡發，旨歸即呼喚以西方法學知識為標尺的中國現代法學，比如其對《大清現行刑律》

---

[1] 高漢成：《簽注視野下的大清刑律草案研究》，中國社會科學出版社 2007 年版，第 29-34 頁。
[2] 李欣榮：《清季的刑律修訂及其思想論爭》，北京大學博士學位論文，2009 年，第 15 頁。

的評價,即為「舊律中最進步的一部」。[1]其餘韻所及,至今流淌無已。

這一點在新刑律的研究中尤有體現。當前對作為清末修律核心步驟的新刑律產生的持續關注,主要就是因其接受西方現代法律原則這一點。西方現代法學學科視野內涵有現代轉型的理論方向,法史學界的相關論題也集中於修律所帶來的中國傳統法律的現代轉型論題。張晉藩先生的《中國法律的傳統與近代轉型》一書,為從法學現代轉型角度考察清末修訂法律這一事件的代表作,此書以梅茵(Henry Maine)的相關論述為依據,認為清末修律運動為「中國法律近代化的開端」,開端的意義在於開始但又沒有完成。張教授以民律草案為例來論述其之所以為「開端」:「晚清民律採取了資本主義民法的形式與原則,但在親屬、繼承編中,表現了傳統禮制的影響。不僅如此,民律草案雖以形式平等出現,但當時中國社會的實際狀況,不同的階級、階層是不平等的,所以是形式上的平等掩蓋了事實上的不平等。」[2]

不可否認,這一現代轉型的視角是很有效的,不過問題也有。這樣做的基本思路是以西方的某一種現代思想標準衡量中國的制度形式之變。其後果首先乃是遮蔽歷史的豐富面相與思想根基,從根本上說,並不是歷史邏輯的真實顯現。

法學研究的一個重要方面是法制條文。首先來看《大清現行刑律》,它的官方定位為新刑律頒佈前作為「過渡」之用的刑法典,由於這一刑律的傳統性及定位,其出臺並沒有遭遇抵制。針對傳統律學體系下的最後一部刑法典,我們的研究首先指意於闡明其所代表的傳

---

[1] 楊鴻烈:《中國法律發達史》,中國政法大學出版社 2009 年版,第 6-7 頁。
[2] 張晉藩:《中國法律的傳統與近代轉型》(第二版),法律出版社 2005 年版,第 390 頁。

統中國「明刑弼教」思維下禮律一體之模式，以此作為思考刑律在清末變革的起點。此一時段研究材料方面，體現清廷意見的禮學定本《欽定三禮義疏》與薛允升的《服制備考》，同為《大清現行刑律》的禮教準則，故而成為我們考察的重點，薛允升高足吉同鈞的《大清暫行律講義》中的服制意見也成為主要參照內容，由於公認唐律一依於禮，故而薛、吉等傳統律學家「左唐而右明」的思路十分明顯。關於《大清新刑律》的研究更多，較有代表性的論文為何雲鵬先生的《〈大清新刑律〉對日本刑法的繼受及其反思》，此文對「《大清新刑律》中繼受了日本刑法典中所確立的刑法原則、制度和法律術語」的問題作出討論。[1] 不得不說，社會科學的外部研究對於思想史來說是有劣勢的，從某種程度上說，這一研究路徑是一種外部視角的研究，而要真正進入傳統這張意義之網，就需要一種內部視角，[2] 體現在法學學科化研究中，片面追求法條這一制度形式的研究方法難以窺探中國禮律體系的一些隱秘性內容與治理技術。

在現有研究中，思想史的研究取向不結合制度背景和法條內容，更少涉及其蘊含的中國自身傳統思想脈絡；而法學學科內部的制度研究又缺乏思想史的支撐。通過對學術史的梳理，我們發現很有意思的一點是，針對同一研究對象的兩種不同研究取向下，在思想史的研究

---

[1] 何雲鵬：《〈大清新刑律〉對日本刑法的繼受及其反思》，《延邊大學學報》（社會科學版）2011年第2期。

[2] 美國學者何偉亞（Joseph W. Esherick）曾說：「在討論禮儀的社會科學詮釋時，我批評了那種把禮儀與被認為更『實質』的議題如政治或商業分離開來、並用功能主義的術語方式進行詮釋（即作為既存社會秩序或政治秩序的象徵性再現或這類秩序的合法化）的傾向，並質疑那種要麼把禮儀視為嚴格死板的規則，要麼反過來把禮儀視為獨裁領袖精明的操縱技巧的類型性描述。這樣的詮釋不但忽略了清帝國禮儀在宗教、宇宙和形而上學方面的因素，而且極為過分地簡化了清帝國與其他統治者的關係。」參見〔美〕何偉亞著：《懷柔遠人：馬嘎爾尼使華的中英禮儀衝突》，鄧常春譯，劉明校，社會科學文獻出版社2002年版，第3頁。

日趨轉向同情甚至肯定所謂禮教派的同時，法學的法條研究仍然固執地追求現代制度形式。在筆者看來，二者表面上的不一致，下面反而蘊含著共同的話語體系的基礎，借用西方思想史的一個常用比喻來說，這兩種研究取向背後其實共享一個現代性的話語體系，不過一個是邁向歡呼的喜劇，一個則唱著懷舊的哀歌。

## 三　資料概述及研究路徑

研究主題決定了資料的主體及範圍。具體說來，禮學方面主要是有關「三禮」的典籍研究，主要為賈公彥的《儀禮注疏》、胡培翬的《儀禮正義》，另外，體現清廷意見的《大清通禮》與《欽定三禮義疏》為《大清律例》的禮教準則，故而成為律中禮學規定的必要參考。律學家如薛允升的《服制備考》（上海圖書館古籍部藏手稿本）、吉同鈞的《大清暫行律講義》中的服制意見也成為主要參照內容。

修律史實方面，本書所涉及的主要資料首先是清末新政到民國十七年（1928）歷次刑法修訂的原案、修訂本及定本；其次是報刊及檔案文獻；再次是相關人員的文集、回憶錄及日記等相關文獻；最後是各類資料彙編。

首先是歷次刑律（法）文本。修律的基礎是《大清律例》，清制乾隆五年（1740）頒行後即「刊布中外，永遠遵行」，此後律文不再改動，故而故宮珍本定本《大清律例》為基礎文獻，《大清現行刑律》是在舊律基礎上的修訂。上海古籍出版社的《續修四庫全書》收影印天津圖書館藏清宣統元年（1909）法律館鉛印本《欽定大清現行新律例》，包括《案語》及《核訂現行刑律》，是有關《大清現行刑律》的主要文本。據日本學者岡田朝太郎的說法，清末新刑律改革案

有六案之多，而實際形成文本的僅有第一、二、三、六案，共四案。第一案為《大清刑律草案》（岡田朝太郎稱呼為《初次刑律草案》），光緒三十三年（1907）八月，法律館起草上奏並公布，此案油印本現藏北京大學圖書館。內外督撫大員針對此案的簽注意見主要彙集於憲政編查館編《刑律草案簽注彙編》，此彙編油印本藏於國家圖書館古籍部。第二案為《修正刑律草案》，係修訂法律館和法部對中央與地方官廳的簽注予以取捨之後，在第一案基礎上增損而成，主要變化是加入了維護禮教的《附則》五條。此案於宣統元年十二月上奏，上海圖書館有藏。第三案為憲政編查館核訂修改本《大清新刑律》，最主要變化是將《附則》變為《暫行章程》；第六案為頒行本《欽定大清刑律》，係宣統二年（1910）十二月二十五日上諭裁可的修正案，第三、六案均收於國家圖書館古籍部。進入民國，岡田朝太郎編《中華民國暫行新刑律》，上海圖書館有藏，其餘刑法文本如《刑法第一次修正案》及《第二次修正案》較易得。以上草案及定本亦部分散見各類資料彙編，主要者如修訂法律館於一九二六年編《法律草案彙編》，收入清末以來多項重要草案，本書所用為北京大學圖書館藏本；臺灣黃源盛先生編輯的《晚清民國刑法史料輯注》亦收入多篇重要草案，可與原始本參校。

　　圍繞刑律（法）修訂，報刊所載信息量很大，最主要的有綜合類報紙《申報》、《東方雜誌》，法學類專門報刊《中華法學雜誌》、《法學會雜誌》及《法政雜誌》，還有歷屆政府的官報與司法公報。檔案文獻方面，除了已經出版的被大量利用的《清末籌備立憲檔案史料》、《光宣兩朝上諭檔》及《大清新法令》之外，第一歷史檔案館存有修訂法律館、刑部有關卷宗，相關人員如沈家本、勞乃宣、劉若曾檔案也得到盡量發掘，第二歷史檔案館影印出版的《南京臨時政府遺存珍檔》亦存有關於刑律的珍貴資料。

相關人員文集方面，《沈家本全集》於二〇一〇年整理出版，為研究帶來不少便利；《董康文集》未收的相關手稿，收藏於上海圖書館古籍部；《吉同鈞文集》以往研究較少注意到，亦為本研究利用。其他與修律相關的重要人物的資料如《許同莘日記》、《沈曾植年譜長編》、《汪穰卿遺著》、《張之洞全集》及《王寵惠法學文集》等皆易見。

各類資料彙編方面，《清末法制變革史料》較為常見，民國粹籍本《中華民國刑法》收錄多篇相關意見書及討論文獻，謝振民先生的《中華民國立法史》所收資料豐富，是研究民國刑法立法史的主要資料線索。勞乃宣編《新刑律修正案匯錄》及佚名編輯《刑律草案平議》亦為本研究採用。

翻檢這些史料的時候，筆者常常想，一百多年過去了，後人重新認識近代刑律之變的思想史內涵需要的路徑之一，可能正是進入中國思想與社會的自身肌理對其作出省察。早在一八七四年，即有外國人在《中國評論》上發表《中國法律的掌管執行》一文，認為中國刑法典的根基是父母和子女的關係。他認為：「在《大清律例》中，子女對父母的尊敬是神聖不可侵犯的，這構成了這部法典的基礎。」[1]前賢亦嘗言：「研究中國古代法律，必須禮書、法典並觀，才能明其淵源，明其精義。」[2]如果忽視禮教，中國律典與中國政治之間的關聯將無法得到真正解釋。因此，無論是從傳統內部出發的思想史方法論的要求還是刑律這一制度形式的淵源來說，對清末刑律變遷研究中最應該置於基礎地位的是禮。

---

[1] 張振明：《晚清英美對〈大清律例〉的認識與研究》，《北京理工大學學報》（社會科學版）2011年第3期。

[2] 瞿同祖：《中國法律與中國社會》，中華書局2003年版，第278頁。

國外法學研究者學科理論素養高，但由於對禮教思想脈絡不明，故其結論多有隔膜，例如被譽為海外研究中國法學經典之作的《中華帝國的法律》，自言研究中國法律的目的是：「簡言之，我們希望通過釋讀這些案例，有助於弄清為什麼中國的君主制不得不於一九一一年讓位於共和制，為什麼共和制反過來又為後來的革命所推翻。」[1]這是完全脫離中國律典傳統的外部性問題。馮友蘭先生嘗言，傳統中國，舍禮則上無以言政制，下無以言道德。由於種種原因，這正是現有研究最薄弱的地方。

中國的禮律模式是一種特殊的治理體系，不便進行簡單的中外對照研究。而且無論是清末對西方法學知識的「移植」，還是此後依據這一知識脈絡展開的法律史研究，某種程度上已經構成對認識律典的近代之變這一問題的障礙。這其中涉及兩個層面的問題。首先，清末西方法學知識的直接引進誠然對解決中國思想與制度的某些痼疾極具針對性，但是也遮蔽了這一體系自身的脈絡與活力；其次，後人自覺不自覺地在延續自清末的學術體制與話語中復看這段歷史，更形成了雙重的「認識論」迷霧。

清末法律變遷給我們提供了一個難得的「思想文本」，在其背後，彙集著古今中外諸多核心治理要素的調和與衝突。本書研究路徑，既不是對其進行法律史的規範研究，也不是對所涉法條的變遷進行實證研究，而是關注清末法律如何一步步走向西化，其間經歷了怎樣的思想預設，並進而思考其中展現的問題。

---

[1] 〔美〕布迪（Derk Bodde）等著：《中華帝國的法律》，朱勇譯，江蘇人民出版社2003年版，第161頁。

# 目 錄
CONTENTS

導論 ............................................................................................ i

## 第一章　清末修律的思想背景

一　「明刑弼教」：傳統中國的禮法理想 ........................................ 1
二　「申韓墜緒」：西方法學知識在清末的認知與傳播 ................. 10

## 第二章　立憲的始基：邁向制度同一性

一　「仿行憲政」與禮法調適：清末修律宗旨演變考 ................... 23
二　過渡之用：《大清現行刑律》的編訂 ..................................... 43

## 第三章　禮律分離：邊界與輕重

一　邊界：刪除比附的禮義問題 .................................................. 55
二　輕與重：簽注視野中的《大清刑律草案》 ............................. 73

## 第四章　禮憲之爭：尊親條文的依次退去

一　「舊律之義新律之體」：勞乃宣的意見 ································· 97
二　法的辛亥之變 ······················································ 122

結語：禮、法、憲 ······················································ 143
後記 ·································································· 147
參考文獻 ······························································ 149

# 第一章
# 清末修律的思想背景

## 一　「明刑弼教」：傳統中國的禮法理想

### （一）思想與文獻的淵源

　　「明刑弼教」，源自「偽古文」[1]《尚書·大禹謨》中舜帝對皋陶的訓誡：「汝作士，明於五刑，以弼五教。期於予治，刑期於無刑，民協於中。」對此，偽孔《傳》云：「弼，輔也；期，當也。嘆其能以刑輔教，當於治體。雖或行刑，以殺止殺，終無犯者。刑期於無所刑，民皆合於大中之道。」《尚書正義》略申之曰：「《書傳》稱『左輔右弼』，是弼亦輔也。」[2]

　　今文《尚書》亦有論及刑罰。《舜典》記舜命皋陶曰：「蠻夷猾夏，寇賊姦宄，汝作士，五刑有服。」王肅注曰：「猾，亂也。夏，華夏。群行攻劫曰寇，殺人曰賊。在外曰姦，在內曰宄，言無教所致。」《尚書正義》曰：「往者蠻夷戎狄猾亂華夏，又有強寇劫賊，

---

[1] 從文獻學上說，傳世本《尚書》經文分「今文《尚書》」與「古文《尚書》」兩部分。其中「今文《尚書》」文獻傳承有序，為先秦古書無疑，而「古文《尚書》」及「孔安國《傳》」則為後人「偽作」，其寫定年代一般認為是魏晉時代。

[2]〔唐〕孔穎達：《尚書正義》，黃懷信點校，上海古籍出版社2007年版，第130頁。

外奸內宄者，為害甚大。汝作士官治之，皆能審得其情，致之五刑之罪，受罪者皆有服從之心。」[1]細繹其文意，刑之所興，首先是針對蠻夷，有對內用者，乃是由於蠻夷亂華。而在此節舜帝命皋陶作士之前，則是因「百姓不親，五品不遜」而命「契作司徒」、「敬敷五教」，是對華夏百姓用禮治教化。

要言之，今、古文《尚書》對「刑」之規定側重不同。在今文《尚書》中，「禮」、「刑」為契與皋陶分掌，而且特別點出「刑」與「蠻夷」的關係，是當是對「刑」之源的較早狀況的記載。而在〈大禹謨〉中，僅強調「刑」之對內治理的意義，相對來說偏晚。

至於從古文《尚書》中發展而來的「明刑弼教」這一說法，則出現得更晚了。[2]尤其是其中「明」之一義，如果將其理解為「公開」，那麼這一意識反映的就絕非春秋之前古典時代之「刑」的狀況了。據《左傳・昭公二十九年》，晉鑄刑鼎而孔子譏之：

> 冬，晉趙鞅、荀寅帥師城汝濱，遂賦晉國一鼓鐵，以鑄刑鼎，著範宣子所為刑書焉。仲尼曰：「晉其亡乎！失其度矣。夫晉國將守唐叔之所受法度，以經緯其民，卿大夫以序守之（杜注：序，位次也），民是以能尊其貴，貴是以能守其業。貴賤不愆，所謂度也。文公是以作執秩之官，為被廬之法，以為盟主。今棄是度也，而為刑鼎，民在鼎矣（杜注：在讀為察，謂民察鼎以知刑），何以尊貴？貴何業之守？貴賤無序，何以為國？」[3]

---

[1] 〔唐〕孔穎達：《尚書正義》，黃懷信點校，上海古籍出版社2007年版，第100頁。

[2] 當然這裡所謂「晚出」，僅是說「明刑弼教」這一語詞晚出，對於其中反映的禮刑一體這一實質問題，顯然至少在《周書》中已經非常明確。

[3] 楊伯峻：《春秋左傳注》，中華書局1990年版，第1504頁。

無論如何,「明刑弼教」這一觀念在帝制中國慢慢成為表述禮刑關係的核心觀念。就思想脈絡來說,明刑弼教與漢代以來儒生禮主法輔的思想一脈相承,又與晉律之儒家化一體相聯,而與先秦儒學幾近單純強調禮治有根本不同。經過中古時期的援儒入刑運動,至西晉《泰始律》始確定「准五服以治罪」的律典原則,到唐以來法典得以全面儒家化,正是漸趨實現漢儒「禮主法輔」治理模式的過程。

　　總體而言,整個帝制時代,禮律關係之大端確可以「明刑弼教」一語盡之。傳統律學家皆稱頌《唐律》,也就是因為其「一依於禮」,那麼這一刑所弼的「教」的內涵是什麼呢?其大端也就是關於君主與親屬的特殊規定。今以最有代表性的《唐律疏議》為例以窺一斑。

　　整個《唐律疏議》(以下簡稱《律疏》)篇首乃「名例律」,其中有大量關於君主異於常人的條文,分為「十惡」、「八議」與「衛禁」。首先,「十惡」,《律疏》謂:「五刑之中,十惡尤切,虧損名教,毀裂冠冕,特標篇首,以為明誡。」「十惡」第一即「謀反」,《律疏》「謂謀危社稷」,並述其立法之由來自春秋之義:「《公羊傳》謂,『君親無將,將而必誅』,謂將有逆心,而害於君父者,則必誅之。」《公羊傳》的這一意義事實上也成為整個禮教化律典的核心原則。「十惡」第二為「謀大逆」,《律疏》「謂謀毀宗廟、山陵及宮闕」。第三為「謀叛」,《律疏》「謂謀背國從偽」。第六為「大不敬」,《律疏》「謂盜大祀神御之物、乘輿服御物;盜及偽造御寶;合和御藥,誤不如本方及封題誤;若造御膳,誤犯食禁;御幸舟船,誤不牢固;指斥乘輿,情理切害及對捍制使,而無人臣之禮」。此條疏議亦引禮經釋律:「《禮運》云,『禮者君之柄,所以別嫌明微,考制度,別仁義』。責其所犯既大,皆無肅靜之心,故曰『大不敬』。」

其次,「八議」,大旨皆為對圍繞皇權周圍特權階級的法典維護,而其直接的立法來源為《周禮》。《律疏》:「《周禮》云『八辟麗邦法』,今之八議,周之八辟也。禮云,『刑不上大夫』。犯法則在八議,輕重不在刑書也。其應議之人,或分液天潢,或宿侍旒扆,或多才多藝,或立事立功,簡在帝心,勳書王府。若犯死罪,議定奏裁,皆須取決宸衷,曹司不敢與奪……以此八議之人犯死罪,皆先奏請,議其所犯,故曰『八議』。」比如,「八議」第一為「議親」,即專指「皇帝袒免以上親及太皇太后、皇太后緦麻以上親,皇后小功以上親」。

最後,「衛禁」律,《律疏》:「衛禁律者,秦漢及魏未有此篇。」即是表明來源於《法經》的商鞅秦律系統,並沒有「衛禁」的律目。至晉武帝,「令賈充定法律」,始創製此篇,名《衛宮律》。此後律目略有變動,北齊更為《禁衛律》,隋開皇定為《衛禁律》,唐律因之,《律疏》解釋:「衛者,言警衛之法;禁者,以關禁為名。」其中十八條內容,多有對皇族的維護,比如「闌入太廟山陵及太社」條規定:「諸闌入太廟門及山陵兆域門者,徒二年;越垣者,徒三年;太社,各減一等;守衛不覺,減二等;主帥又減一等;故縱者各與同罪。」[1]

帝制時代法律中有關君主的特殊條文基本定型於唐律,親屬條文亦是。這裡涉及的一個關鍵的問題是,法家律令體系中亦有關於親屬關係的條文,但其基本立法意圖並不是維護民情中的某一價值原則而是指向家族控制。比如《漢書·刑法志》:「秦用商鞅,造參夷之誅。」師古註:「參夷,夷三族。」[2]正是五服制度內的父、母、妻

---

[1] 以上並參錢大群:《唐律疏義新注》,南京師範大學出版社 2007 年版,第 19-47、232-265 頁。

[2] 〔東漢〕班固:《漢書·刑法志》,中華書局 1962 年版,第 1079 頁。

三黨。與後世五服入律基於對儒家孝道的提倡不同[1]，法家律令體系中對親屬關係的特殊規定是一種酷刑的表現，是利用民眾對有服親屬的感情加強君主控制的手段。

《唐律疏議》中的親屬內容，源於《晉律》的「准五服以制罪」。[2]也就是按照禮經中服制規定之人倫關係，在法律上予以區分刑罰之輕重。在這裡，君主是一個異數。我們知道，《喪服經傳》中君主亦在服制之內，但《唐律疏議》中的服制術語卻並沒有涉及君主的「斬衰」、「齊衰」，此亦是一尊君義。

## （二）修律前奏：薛允升對清律的思考

從歷史來看，「明刑弼教」極易與重刑主義相關聯，到明代，朱元璋便是在「明刑弼教」的口號下實施其「重典治國」方略的。清承明制，從傳統思想禮律關係的角度看，這一制度背景下的律典改革就是重新抬高禮之地位。這一點在清末律學大家薛允升那裡得到了很好的闡釋：「懲之於已然，何如禁之於未然。專事刑法，何如崇尚禮教。」[3]薛允升的相關思想被沈家本推崇為「修律之圭臬」。晚清主導新政的重臣袁世凱在薛允升著作《讀例存疑》序中即云：「長安薛大司寇云階先生，供職刑部三十餘年，研究律例，於歷代名法家言無所不窺，著作等身，而《讀例存疑》一書，尤為平生心力所萃……先生既歸道山，秋曹諸公奏呈御覽，奉旨著交律例館。方今聖朝修明刑制，將博采中外良法，定為憲典，懸諸不刊。是書所言，實導先

---

[1] 丁凌華認為夷三族實際上為後世的准五服治罪「提供了法律上之可行性」。將秦法中的夷三族之法與准五服治罪等同起來看，恐怕是對基於法家的律令體系與儒家化的律令體系區分不足。故本書不同意這一勾連。參見丁凌華：《中國喪服制度史》，上海人民出版社2000年版，第194頁。

[2] 〔唐〕房玄齡：《晉書》（第3冊），中華書局1974年版，第927頁。

[3] 〔清〕薛允升撰：《唐明律合編》，懷效鋒等點校，法律出版社1999年版，第12頁。

路。」¹考察晚清修律，薛允升的設想是一個起點。

薛允升（1820-1901），字云階，又字克猷，陝西省長安縣灃河西岸馬務村人。咸豐六年（1856）丙辰科進士，以主事分刑部，累遷郎中。經過一段外官經歷後，光緒六年（1880）召為刑部侍郎，歷禮、兵、工三部。光緒十九年（1893年）授刑部尚書，「凡外省巨案疑獄不能決者，或派雲階往鞫，或提京審訊。先後平反冤獄，不可枚舉。」²甚有政聲。庚子年兩宮幸西安，被貶官的薛允升被啟用，「赴行在，復起用刑部侍郎，尋授尚書。」薛允升「以老辭，不允。二十七年，迴鑾，從駕至河南。病卒。」³

薛允升對律典思考的出發點正是「明刑弼教」。他認為：「古律之為書，原根極於君臣父子夫婦之經，而使事事物物之各得其宜。」⁴並且在薛允升看來，刑罰應嚴格按照禮書的規定，不容隨意出入與增刪，因此他服膺的是「一依於禮」的唐律，而認為明律則多悖於禮。薛允升認為，關於禮的範圍與等級，沒有比服制的規定更細緻入微的了。⁵「喪服者，人道之權輿也，廢喪服將何以為權輿乎？道者『尊』、『親』而已，以『尊』易『親』則廢仁，以『親』易『尊』則廢義，以其不尊不親者易其至尊至親者，則等殺無辨而廢

---

1 胡星橋、鄧又天主編：《讀例存疑點注·序文》，中國人民公安大學出版社1994年版，原書該頁無頁碼。
2 吉同鈞：《薛趙二大司寇合傳》，載《樂素堂文集》第3卷，國家圖書館藏鉛印本，第65頁。
3 趙爾巽等：《清史稿》，中華書局2003年版，第12426-12428頁。
4 〔清〕薛允升撰：《唐明律合編》，懷效鋒等點校，法律出版社1999年版，第1023頁。
5 當然，在薛允升看來，服制只是刑律中禮教原則的集中體現而非唯一體現。華友根先生曾羅列薛允升《唐明律合編》中為律文尋找禮義根據的例子，遍及《儀禮》、《周禮》、《禮記》、《尚書》及春秋三傳等經。比如，此書引《周禮》證律處便有79處之多。參見華友根：《薛允升的古律研究與改革——中國近代修訂新律的先導》，上海社會科學院出版社1999年版，第28-33頁。

禮，禮廢而刑益煩，民日不知其所適矣。」[1]所以「律內科罪，均以服製為準」。[2]為此，他精研《喪服經傳》，並撰有《服制備考》一書，此書以《儀禮·喪服》為序，參以歷代重要的註釋，並與唐律、清律相參校，再加自己的按語。這是非常傳統的注經體，所謂「就律文所載各條，詳其原委，並備錄群儒之論說，而忝以末議」。[3]在這一脈絡中同樣值得注意的還有吉同鈞，吉同鈞為薛允升高足，參與了清末修律的全過程，亦同樣重視以服制原則指導修律，他被沈家本調入修訂法律館任幫總纂。[4]

這裡可以薛允升對明律中「親屬相為容隱」一條的分析來窺其「刑以弼教」主張的具體意見，此條向為傳統律學家所重，薛允升高足吉同鈞云：

> 親屬相為容隱與干名犯義、犯罪存留養親各律均系扶植綱紀敦敍倫常之意，刑法之可弼教化者在此，中律之所以為國粹者亦在此，檢察東西各國刑法均無此條，亦可知其好尚之所在矣。夫證父攘羊，群稱為直，以方城漢水之名區，民望如歲之慈父，尚不解此道理，而何論於異俗異教之人乎？現奉明詔尊孔，此即孔教之精粹。而由父子擴及親屬更為周密無遺。朱子以為天理人情之至，足見律義經義法學理學，其道一而已矣。[5]

據薛允升，至親相互容隱之律首見漢宣帝詔，至唐律，相關條文

---

1 〔清〕薛允升：《服制備考·序》，上海圖書館古籍部藏未刊書稿，原稿無頁碼。
2 〔清〕薛允升撰：《唐明律合編》，懷效鋒等點校，法律出版社1999年版，第614頁。
3 〔清〕薛允升：《服制備考·序》，上海圖書館古籍部藏未刊書稿，原稿無頁碼。
4 《律例館各員名單》，《大公報》1904年4月16日，第3版。
5 吉同鈞：《大清現行刑律講義》，北京大學圖書館閱覽室藏京師法政法律學堂用書1910年版，第107-108頁。

已經非常詳細。其立法來源是《論語》「父為子隱，子為父隱」一語，他認為關於此條「明律與唐律大略相同」，但是有幾點關鍵相異處。一為五服之內親屬容隱律文失平，薛允升關注於明律中的「妻之父母與女婿」二者的地位問題，「妻之父母與女婿，緦麻服也，而與大功以上同律。唐律本無此層，明律添入，未解所謂」，此為明律用刑輕重失衡之一端。「女婿與妻父母，系外姻緦麻，並不同居，亦准相為容隱。不惟較本宗小功叔侄等項親屬反形加重，亦與鬥毆各條互相參差。」對此，薛允升自己給出一個解釋：「明時最重入贅之婿，律特為此而設，蓋此等女婿與妻之父母朝夕相倚，恩若父子，即與同居親屬無異，律內添入此層，或由於此。若非贅婿，則服制較疏於本宗小功，而容隱反同於大功以上，似嫌未協。」但很快，他又據律義否定了這一看法：「律內明言同居雖無服亦是，蓋已包贅婿在內矣。」[1]故而薛允升最終還是對明律提出這兩種身分准予容隱表示不解。二為親屬容隱範圍有違服制規定，唐明律俱規定「其小功以下相隱，減凡人三等」論罪，而明律於此後又加一條「無服之親減一等」，薛允升非之「無服之親亦准減等，則更非是矣」。在他看來：「古人定禮，各有限制，立法亦同。親有等殺，即法有重輕，非疏漏也。」[2]既然喪服定為無服，則法典亦不該對其有區別於凡人的刑罰，可見在薛允升的觀念中，禮制對刑律的規定是全方位的，既要努力保證刑之輕重合於禮之等級，又要不溢出禮制規定的範圍。[3]

吉同鈞也延續師說，從這兩方面關注明律之變亂禮制，「妻之父

---

1 〔清〕薛允升撰：《唐明律合編》，懷效鋒等點校，法律出版社1999年版，第66頁。按：此處指本宗別居小功親。

2 〔清〕薛允升撰：《唐明律合編》，懷效鋒等點校，法律出版社1999年版，第603-604頁。

3 律中「無服之親」的由來，亦由於《喪服》經文中袒免親（即五服以外親）的存在，薛允升此處或不察。

母女婿及無服之親減一等數語，唐律不載，均系明所增添」[1]。唯一與其師微有不同的是，服制之外，吉同鈞又添以「情」之深淺來解釋律典中刑之等級：「本律之義是寓情於法，使恩義不相妨也，凡人知情藏匿罪人及容隱漏洩指引給資致罪人逃避者減罪人一等治罪，此則親屬容隱皆得免罪，所以重人倫厚風俗也。同居共財之親屬，情之最親者也。大功以上之親屬，服之最重者也，外祖父母等，服雖輕而情親者也，至雇工於家長，則以恩義聯屬，又不論同居另居皆可為之容隱，而家長不可為雇工隱者，以義相臨，當治其罪，正唐律所謂部曲奴婢主不為隱，聽為主隱是也。此皆指事未發覺之先而言，即事發之後官司拘捕而漏洩通報致令逃匿者亦不坐罪。至於小功以下恩義漸殺，有容隱者，雖不全免其罪，然亦得分別減等，此皆權恩義之中而教人以親睦之道。」[2]引入「情」的觀念闡釋律義事實上使得薛允升維護唐律的意見更為圓融。

一言以蔽之，薛、吉師徒二人所代表的傳統律學家的修律思路，乃是以唐律為標準反對明律，其背後的邏輯有二：一為義理上的，由明律返於唐律，也就是返於禮教，因為公認唐律「一依於禮」；二為現實上的，清律幾乎原封不動地延續明律條文，所變者僅為例，故此薛允升對明律的意見也就是對清律的看法。

以今人的視角觀之，薛允升關於禮律關係的思考，事實上是在王朝政治下，儒生依託於律典再現其合「禮」的政治理想的一種嘗試。

---

[1] 薛允升指出的這兩點也為熟悉舊學的律學家所熟知。比如董康後來也說：「此條與明律大致相同，惟第一節增入女婿妻父母，第二節增入無服之親。」唯其認為：「律首同居，係指同宗未分析者言，不包外姻於內翁婿，服制雖疏，恩義及親等究近，薛公若在今日，決無此論矣。無服之親乃屬本宗九服圖內者，如在圖外，則與常人無殊，當然不准容隱也。」董康：《新舊刑律比較》，上海圖書館藏手稿本，第746頁。

[2] 吉同鈞：《大清現行刑律講義》，北京大學圖書館閱覽室藏京師法政法律學堂用書1910年版，第107頁。

面對西潮衝擊，埋首整理舊律的薛允升發出「本宗、外姻小功親尚不准容隱，而外姻緦麻獨准容隱，是何理也」的疑問，薛允升的思考正是努力恢復中國禮法秩序的內在理性。此後，梁啟超等更加傾慕西學的學者，轉而走向對西方法學知識內容的直接引進，乃從思想層面消解了薛允升等傳統律學家的致思方向。從這一意義上說，雖然二人並無直接的思想論戰，但事實上乃是一種隱匿的交鋒。

## 二 「申韓墜緒」：西方法學知識在清末的認知與傳播

對晚清以來「採西學」課題的探討，研究者注意到，這一知識接引與「本土對知識的理解密切相關」[1]。法學知識的引進無疑是其中重要組成部分，梁啟超的《西學書目表》云「法律所以治天下」[2]，即道出對這一問題重要性的考慮。本節寫作即從西方法學知識的引進這一具體領域出發，觀察「採西學」過程中中國原有知識體系的應對與調適。

### （一）會通西法與禮教：清理秦制

中國亦有關於「法」的思想，這一「法」是法家之法，它的制度指向為秦制。最有名的呼籲是譚嗣同的《仁學》：「故常以為二千年來之政，秦政也，皆大盜也；二千年來之學，荀學也，皆鄉愿也。惟大盜利用鄉愿，惟鄉愿工媚大盜，二者交相資，而罔不托之於孔，被

---

[1] 章清：《「採西學」：學科次第之論辯及其意義——略論晚清對「西學門徑」的探討》，《歷史研究》2007 年第 3 期。

[2] 梁啟超：《西學書目表序例》，載《飲冰室合集》（第 1 冊），中華書局 1989 年版，第 122 頁。

托者之大盜鄉愿，而責所托之孔，又烏能知孔哉？」[1]嚴復亦言，中國自「秦以來之為君，正所謂大盜竊國者耳」。[2]此種言論是傳統思想界關於政治理想的主流表述。

近代早期中國人剛一接觸西「法」，即已意識到與中「法」的區別，並多有讚許之辭。

隨舉數例。魏源論述美國「以律例為重，不徒以統領為尊。（此外則各文武自立例款，以約束其民。但不得以部例犯國例。）⋯⋯所有條例，統領必先自遵行，如例所禁，統領亦斷不敢犯之，無異於庶民，而後能為庶民所服」。[3]郭嵩燾以「其民平等」總括西方政俗之美，徐繼畬亦注意到西方「推舉之法，幾於天下為公」[4]。王韜亦認為：「英國之所恃者，在上下之情通，君民之分親，本固邦寧，雖久不變。觀其國中平日間政治，實有三代以上之遺意焉。⋯⋯獄制之善，三代以來所未有也。國中所定死罪，歲不過二三人，刑止於絞而從無梟示，叛逆重罪止及一身，父子兄弟妻孥皆不相類。民間因事涉訟，不費一錢，從未有因訟事株連而傾家失業，曠日廢時者，雖賤至吏役，亦不敢受賄也。」[5]大約同時的梁廷枬亦謂：「予觀於美利堅之合眾為國，行之久而不變，然後知古者可畏非民之未為虛語也。彼自立國以來，凡一國之賞罰禁令，咸於民定其議，而後擇人以守之。未有統領，先有國法，法也者，民心之公也。統領限年而易，殆如中國之命吏，雖有善者，終未嘗以人變法，既不能據而不退，又不能舉

---

1　〔清〕譚嗣同：《仁學》，華夏出版社2002年版，第96頁。
2　〔清〕嚴復：《闢韓》，載王栻主編：《嚴復集》（第1冊），中華書局1986年版，第35-36頁。
3　〔清〕魏源：《魏源全集》（第6冊），岳麓書社2004年版，第1614頁。
4　秦暉：《傳統十論——本土社會的制度、文化及其變革》，復旦大學出版社2004年版，第229頁。
5　〔清〕王韜：《紀英國政治》，上海書店出版社2002年版，第89頁。

以自代。其舉其退，一公之民。」[1]

那麼，這一肯定的深層思想意義何在？一言以蔽之，即清末士人朦朧之中，看到了西法與中國禮教理想的暗合之處。下面以薛福成為例以見一斑。

薛福成雖對歐風美雨認識很深，但其思想底色仍為嚴守傳統禮法之辨的儒家思想：

> 自唐虞迄夏商周，最稱治平。洎乎秦始皇帝，吞滅六國，廢諸侯，壞井田，大泯先王之法。其去堯舜也，蓋兩千年，於是封建之天下，一變為郡縣之天下。[2]

薛允升在日記中詳細記載了自己耳聞目睹西方社會之後的思考。「昔郭筠仙侍郎每歎羨西洋國政民風之美，至為清議之士所抵排。余亦稍訝其言之過當，以詢之陳荔秋中丞、黎蓴齋觀察，皆謂其說不誣。此次來遊歐洲，由巴黎至倫敦，始信侍郎之說。」正是在合於三代之治的意義上，薛福成讚歎：「西洋各國經理學堂、醫院、監獄、街道，無不法良意美，綽有三代以前遺風。」可知薛福成非常明確以暗合禮教來觀察西法。在這一肯定的基礎上，他更進一步說道：

> 中國唐虞以前，皆民主也。觀於舜之所居，一年成聚，二年成邑，三年成都，故曰都君。是則匹夫有德者，民皆可戴之為君，則為諸侯矣；諸侯之尤有德者，則諸侯咸尊之為天子，此皆今之民主規模也。迨秦始皇以力征經營而得天下，由是君權

---

[1] 〔清〕梁廷枏：《合省國說序》，《嶺南學報》1925 年第 1 期。

[2] 〔清〕薛福成：《籌洋芻議——薛福成集》，遼寧人民出版社 1994 年版，第 88 頁。

益重。秦漢以後，則全乎為君主矣。若夫夏商周之世，雖君位皆世及，而孟子「民為貴，社稷次之，君為輕」之說，猶行於其間，其猶今之英、義諸國君民共主政乎？[1]

一句話，三代禮治秩序與西法實多有匯通，二者的對立面都在於專事尊君之秦制。[2]

---

[1] 當然薛允升的觀察也必然是在肯定禮教的前提下。如對於父子一倫，他認為西方「國家定律，庶民不得相毆。子毆父者，坐獄三月，父毆子者，亦坐獄三月。蓋本乎墨氏愛無差等之義，所以舛戾如此。此其父子一倫，未盡協聖人之道也」。而對於君臣一倫，他觀察西律處罰不嚴：「隱圖弒逆篡奪，或謀為君主，或要結眾心謀為大伯理璽天德，雖未成，發覺，亦只驅之禁之而已，不甚予以重辟；而輿論非惟不貶絕之，轉有欽佩其為英雄者。蓋猶中國所謂公罪也。」對此，薛允升的禮教立場凸顯出來：「夫大逆不道，不能不重其辟者，所以定一尊而禁邪謀也。故勝則為王，敗則為寇，古今通義。今西人則於其敗者，並不指為寇焉，人孰不思僥倖以希神器哉？即如法前兵部尚書布朗熱，謀為法國君主，事敗出奔，而法人之謳思者至今未衰，並不斥其覬覦之罪。歐美諸國若此類者，不勝枚舉，此不知《春秋》大義之故也。」參見蔡少卿整理：《薛福成日記》，吉林文史出版社 2004 年版，第 696-779 頁。

[2] 毫不奇怪地，前述這一脈絡之外，另一種更接近原教旨的看法也一併存在。比如較早關注西政的小儒蔣敦復顯然比醉心洋務的諸人更為恐懼西法：「天下有道，禮樂征伐自天子出，天下有道，庶人不議。英之議會（小字：即巴力門上下兩院），如使行於中國，大亂之道也。惟闢作福，惟闢作威，未聞王者不得操予奪生殺之柄。民可使由之，不可使知之。未有草野細民得曰：立君由我。」在傳統禮教君親為大的思想者看來，這一君自民出的政治是不可想像的。如果有，也是亂臣賊子。「歷觀英史，至查爾斯第一位格朗瓦所殺，舉朝宴然，無所謂戴天之仇與討賊之義，不覺髮指。既而嘆曰：誠哉，春秋之作，孔氏之刑書也。後世雖亂臣賊子不敢遽萌篡弒之念。一有不軌，人人得而誅之。何者？春秋大義明於中國，君臣之分甚嚴也。」薛允升認為規定這些名分的首要原則就是禮。「春秋，天子之事，其治天下也，禮先於法。禮辨上下、定民志。英巴力門知有法不知有禮。嘗謂人主在上帝及律法下，在上帝下固也（小字：彼稱天主為上帝，亦則其說亦謬）。法誰出乎？必百姓與一人公為之，民志囂然，悖且亂矣，何法之有？惜乎，未有以為國以禮之說告之也。」「吾為此懼，作英志。」對英國的認知尚處於「巴力門」（parliament）是「知有法不知有禮」的層次。故而為之「懼」，其仿孔子作春秋之義非常明顯。參見蔣敦復：《英志自序》，載「中央研究院」近代史研究所編：《近代中國對西方及列強認識資料彙編》（第 1 輯第 2 分冊），「中央研究院」近代史研究所發行 1984 年版，第 1086 頁。

## （二）對接：法學與「申韓墜緒」

自清末士人爭言自強以來，即以引入西學為職志之一，「清光緒中葉，海內明達，懲於甲午之釁，發憤圖強，競言新學，而譯籍始漸萌芽」[1]。法律書籍亦在這一譯介大潮中。關於近代西方法律思想，最重要的代表人物為洛克（John Locke）、孟德斯鳩（Montesquieu）與邊沁（Jeremy Bentham）等人。在近代中國，一批批西方傳教士（主要是基督教新教）將近代西方法律思想傳播到中國，其中的重要人物有馬禮遜（Robert Marrison）、丁韙良（William Martin）、林樂知（Young John Aller）、傅蘭雅（John Fryer）與李提摩太（Richard Timothy）。他們對西方法律觀的譯介影響了中國一批知識分子。

據何勤華先生的研究，遲至一八六八年，神田孝平所著《日本國當今急務五條之事》和津田真道編譯的《泰西國法論》中首次使用了「法學」一詞。[2]黃遵憲是第一個研究和翻譯日本近代法的中國人，黃遵憲於光緒三年（1877）到達日本，擔任清朝駐日公使館參贊。其時，日本明治維新已進行了十年，他在光緒十三年（1887）寫成五十餘萬言的《日本國志》，分十二志四十卷。《刑法志》即為其中一「志」。日本明治十三年（1880）頒佈《治罪法》和《刑法》（一般稱其為舊刑法，以與 1907 年刑法相區別），正式脫離我國古代法傳統，轉而採用西方法。正在日本的黃遵憲立刻將這兩部仿照法國法制定的新法譯成漢文，並加上自己的註釋，以《刑法志》之名列入《日本國志》。[3]

---

1 顧燮光的《譯書經眼錄》有對這段話的進一步論述。此書以「法政」為一類，細分為「首政治、次憲法、次財政、次經濟、次警察、次法制、次法學、次法律」。載熊月之編：《晚清新學書目提要》，上海書店出版社 2007 年版，第 219 頁。

2 何勤華：《中國法學史》（第 1 卷），法律出版社 2000 年版，第 5 頁。

3 李貴連：《中國近現代法學的百年曆程（1840-1949 年）》，載蘇力、賀衛方主編：《20 世紀的中國：學術與社會·法學卷》，山東人民出版社 2001 年版，第 221-222 頁。

近代中國修律的基本特點為國家主導的立法活動，這也是由中國律典向為君權主導的傳統決定的。或許由於這一原因，西方法理學中強調「立法理性」的一派受到了引介者特別的青睞。就西方法理學來說，邊沁是近代法理學中立法理論的鼻祖，而大力將邊沁法理思想譯介給中國的首推梁啟超。

梁啟超的知識引介與時政頗有關聯。雖被通緝，但康、梁一黨與長期執掌刑部（官制改革後為法部）的戴鴻慈關係甚深，光緒三十二年（1906）七月，經營刺殺西太后事件之梁鐵君遇難，但此事並未牽連康、梁一黨全局。在同年十一月《與夫子大人書》中，梁啟超透露：「此事少懷（引按：法部尚書戴鴻慈字）抗言保之，甚可感。」光緒三十三年（1907）二月三十日，清廷法部尚書戴鴻慈為法部與大理院權限事曾致書請教梁啟超：「會議數次，莫衷一是，而員司已各懷意見，城府甚深，不能復議。目下所援引為依據者，僅《日本現行法典》一部（內附裁判所構成法），其餘歐西各國如何，劃分權限，尚未明晰，素仰我公熱心為國，又復惠教諄諄，不以鄙人頑鈍，用敢擅發函電，冒瀆神明，伏乞將兩署權限詳細解釋，援引歐西（日本已有）各國現行法律為典據。」梁啟超與清廷中央法律修訂進程關聯之深可見一斑。

光緒三十二年三月，梁啟超在《與佛蘇我兄書》中寫道：「弟日來作《中國法理學發達史論》（約六七萬言）一篇，已成過半，又作《中國成文法編制之沿革得失》（約三四萬言）一篇。（本以為前文之末一章，因其文太繁，故擬改別題。）《法理史》已印於第五第六號（第五號明日出版，第六號已付印）。惟弟於法律上智識極幼稚，其中必多不中肯綮之言，甚或偽謬，亦所不免，彼文將來欲以印單行本，（小字：因用力頗勤，近於著書之體，不純為報章文字，故欲存之。）不願草率以貽誤學人。欲乞公於閱報時加批評於眉端，或賜糾

正，或賜發明，（小字：所蒐集材料頗富，苦法學上之學力幼稚，不能盡發明。）俾單印時改正，感且不朽。弟與公雖至今未相見，然彼此每發一言未嘗不契，其交誼實非由尋常，想我公必不以客套相拒也。」[1]梁啟超此時措意中國「法理學發達史」，絕非單純出於「智識」的目的。

除政治考慮之外，單從思想脈絡來看，大約在一九〇二年前後，梁啟超配合「新民」的大旗，開始大力引介西人文章，重要者如《亞里士多德之政治學說》、《進化論革命者頡德之學說》、《天演學初祖達爾文之學說及其傳略》、《近世文明初祖二大家之學說》和《論泰西學術思想變遷之大勢》，引進邊沁的學說也是其中一部分。一九〇一年梁啟超在《清議報》連載《霍布斯學案》，首次使用「功利主義」一詞，他說：「英國哲學學風，皆趨實質主義、功利主義。」[2]這一年，梁啟超寫作《政治學理摭言》一文，介紹了歐美兩條最新的政治學說原理，一個以「君主無責任義」為題，另一個就以「最大多數最大幸福義」為題。「若最通行之政治學說，所謂『最大多數最大之幸福』者，亦其一端也。」他全面介紹邊沁理論的則是《樂利主義泰斗邊沁之學說》一文。

梁啟超首先注意到邊沁的法理學，這段介紹性文字寫得很精彩：「為近世道德學、法理學開一新國土，其最初所著書，即駁擊英國法律之謬誤。當時英民久蟄伏於專制國王、諂諛議院之下，驟聞邊沁之論，咸目為狂，或且儳視之，將搆陷以興文字獄。而邊氏不屈不撓，主張己說，始終如一，久之一世輿論，遂為所動。卒能以三寸之舌，

---

[1] 丁文江、趙豐田編：《梁啟超年譜長編》，上海人民出版社 1983 年版，第 236、367、381 頁。
[2] 歐德良：《從梁啟超看晚清功利主義學說》，《五邑大學學報》（社會科學版）2010 年第 4 期。

七寸之管，舉數百年之弊法而廓清之，使循次改良，以演成今日之治。」

就像梁啟超的很多著作一樣，學者業已指出梁啟超的這一紹介有日本來源：「《邊沁學說》是對幾本日文書進行剪貼，而且附以案語。該『案語』實際上有不少含混曖昧之處，象徵著梁啟超對邊沁理解的『迷惑』。在這個『案語』中也大量引用了加藤弘之的學說。」[1]事實上，梁啟超原文中也提到自己的參考書，十二本參考書只有一本是邊沁本人的著作，其他都是日本學者的論著。梁啟超有云：「近世哲學家，謂人類皆有二種愛己心，一本來之愛己心，二變相之愛己心。」有研究者指出，這個「近世的哲學家」就是加藤弘之，可見梁啟超確實有通過加藤認識邊沁，他也明確說過：「加藤之學說，實可以為邊沁一大聲援。」[2]

真正值得注意的問題不是梁啟超的抄書或轉述，而是看他究竟關注什麼。梁啟超將邊沁學說定名為「樂利主義」並大加引進，其用意很明確，就是將其接榫於傳統的義利之辨，藉以抨擊傳統重義不重利的主流政治與倫理觀念。一九○○年，梁啟超在《十種德性相反相成義》一文中就探討了利己與愛他的關係，在此文中，梁啟超為「利己」說正名，認同墨子與楊朱之學：「今日不獨發明墨翟之學足以救中國，即發明楊朱之學亦足以救中國。」[3]這就是認為利己則利群，

---

[1] 〔日〕川尻文彥：《「自由」與「功利」——以梁啟超的「功利主義」為中心》，《中山大學學報》（社會科學版）2009 年第 5 期。

[2] 歐德良：《從梁啟超看晚清功利主義學說》，《五邑大學學報》（社會科學版）2010 年第 4 期。

[3] 張灝先生曾指出：「在一個現代化發展尚淺的社會，功利思想常常以集體主義的形式出現。由於時勢環境所逼，這些社會所最迫切需要的是群體自利，以求民族獨立或國家富強。但在一個高度現代化的社會，功利思想主要是以個人主義的面貌出現的。」張灝的觀點或可為梁啟超的思路提供一個解釋。參見張灝：《幽暗意識與民主傳統》，新星出版社 2006 年版，第 128 頁。

可以救國。

　　從法律出發言功利，其對立面就是禮治。在後來的《中國法理學發達史論》一文中，梁啟超認為，中國歷史上「禮治主義與夫其他各主義久已深入人心，而群與法治主義為敵。法治主義，雖一時偶占勢力，摧滅封建制度、階級制度，然以吾國崇古念重，法治主義之學說，終為禮治主義之學說所征服」。然而，在當今世界若要「壹其力以對外」，則國家內部必須有「整齊嚴肅之治」，所以「法治主義為今日救時唯一之主義，立法事業，為今日存國最急之事業」，「自今以往，實我國法系一大革新之時代也」。為了給這個新時代做準備，就要博採眾家之長，且「深察吾國民之心理」，研究我國歷史上的各種法律學說。

　　由「立法事業」而重「成文法」，就此梁啟超轉向法家之「法」就很自然了。「我國自三代以來，純以禮治為尚，及春秋戰國之間，社會之變遷極劇烈，然後法治思想乃始萌芽」，「後此退化復退化，馴至今日，而固有之法系，幾成僵石」。蓋春秋戰國時代之大政治家無不渴求富國強兵，而「欲舉富國強兵之實，惟法治為能致之」。[1]這是梁啟超彰明法家之法的原因，也是梁啟超寫作《中國成文法編制之沿革得失》一文的動因。

　　值得注意的是，梁啟超對禮治主義貶斥的重要論據是法家關於國家與法治的起源的觀點甚同於「今世歐西鴻哲論國家起源者」。相比之下，儒家的敘述則「茲義茫漠，不足以為事實也」，梁啟超徵引「日本第一流之學者」小野冢博士論述法治的起源云：「洎夫內部之膨脹日增，對外之競爭日劇，於是社會之組織，分科變更，而強制的

---

[1] 梁啟超：《中國法理學發達史論》，載《飲冰室文集》，雲南教育出版社 2001 年版，第 371 頁。

法規起焉。」這一對歐西國家起源理論的肯認不容小覷。

中國早期國家治理方式有一整套歷史敘述作為基礎。從思想史上看，以梁啟超為代表的近代知識引進的政治意涵是消解了中國禮法秩序所賴以奠基的歷史基礎。這一歷史敘述十分常見，今以《清史稿·刑法志》之論述為例：「中國自書契以來，以禮教治天下。勞之來之而政出焉，匡之直之而刑生焉。政也，刑也，凡皆以維持禮教於勿替。」[1]在這一序列中，禮居主導地位。《儀禮·喪服》孔疏：「三王以降，澆偽漸起，故制喪服以表哀情。」刑為後用，「迨及戰國，道德衰微而法律乃為專門之學」。老子「失道而後德，失德而後仁，失仁而後義，失義而後禮」及「法令滋章，盜賊多有」之論，猶存當時人對這一段歷史認識之古意。其政治理想，「是知先王立法定製將以明示朝野，俾官習之而能斷，民知之而不犯，所由息爭化俗而至於刑措也」[2]。可見，這一禮法理想首重禮教，刑為應對人性之偽而後起，其最高理想為「無訟」。而清末以來在富強論話語推動下，一種改革話語充斥輿論界：「中國不欲自強以持國體則已，如欲持國體，則變通律法不可緩矣。」[3]由此帶來的思想後果就是批評禮治主義並進而消解其賴以奠基的歷史敘述。

在討論死刑宜「斬絞合一」時，日本學者岡田朝太郎針對中國每事必引歷史的做法表示不解：「現今之國家，非復昔日孤立之態，故凡事不可專賴己國之習慣歷史，而置列國之風潮於不顧，苟其反是，則意外之障害以生而莫可如何矣。各國之中，廢止死刑者多矣，即不廢而存置之，亦皆採用一種之執法方法。今中國欲改良刑法，而於死刑猶認斬絞二種，以抗世界之大勢，使他日刑法告成，外人讀此律見

---

[1] 「國史館」校註：《清史稿校註》（第5冊），臺灣商務印書館1999年版，第3967頁。
[2] 〔清〕李宗昉等：《（欽定）大清律例》，海南出版社2000年版，第2頁。
[3] 〔清〕尹彥鉌：《論刑律》，《萬國公報》1900年第139期，第6頁。

此條者，必仍目為野蠻。如是則於收回利權、改正條約之事生大阻礙也，必矣！」「此次中國之改正刑法草案，其他部分均有進步足征，獨於死刑之規定，仍不免固持舊習，致使人人注目。及局外者最易會得之問題猶存缺點，誠可惜之甚，而於此亦足知歷史之能盲人也矣。今也聖明在上，言正必行。際此盛時膺斯任者，曷可不靜思熟考，勇往邁進，質之於學理，征之於實例，以直言死刑當止一種，而求貫其目的耶？」[1]這一充滿現代精神的論述顯然很難體會歷史基礎更深厚的古典精神。

本來，西方法學知識傳入後，中國學者首先遇到的是如何認知的問題。「書目釐類最難，西書尤甚，派別門分未易畫一。」[2]傳統中國學術分類方法是目錄學，沈兆禕的《新學書目提要》即云書目「所以辨章學術，其於群籍之中旨趣離合、記載詳略，既存甄表之微，間有異同之議」[3]，襲章學誠「辨章學術考鏡源流」之義。其中又以中國思想中學與政緊密聯繫的問題為最先。梁啟超的《西學書目表》序例亦云：「西學各書，分類最難，凡一切政皆出於學，則政與學不能分，非通群學，不能成一學，非合庶政，不能舉一政，則某學某政之各門不能分。」他關於西書「門類之先後」的觀點為：「西政之屬，以通知四國為第一義，故史志居首；官制學校，政所自出，故次之；法律所以治天下，故次之；能富而後能強，故農礦工商次之；而兵居末焉。」[4]

---

1 〔日〕岡田朝太郎：《死刑宜止一種論》，載何勤華、魏瓊編：《董康法學文集》，中國政法大學出版社2005年版，第708-712頁。按：岡田氏的這一論斷與邊沁對普通法的批評何其相似！
2 趙惟熙：《西學書目答問》，載熊月之：《晚清新學書目提要》，上海書店出版社2007年版，第570頁。
3 沈兆禕：《新學書目提要》，載熊月之：《晚清新學書目提要》，上海書店出版社2007年版，第379頁。
4 梁啟超：《飲冰室文集》（第1冊），雲南教育出版社2001年版，第141頁。

作為這一大規模知識引進運動的主導者，梁啟超在中西兩種思想脈絡之間的對接具有重要意義。中國古代只有律家、律學、律治而無法家、法學、法治[1]，信奉禮教的儒生，嚴禮法之辨，以禮治無刑為盛世理想。「士人束髮入學，即讀四書五經，志在聖賢；談及刑律，薄為申韓之學，輒鄙夷而不屑為。」[2]西方法學知識的傳入則使傳統「流於苛刻」的申韓之學得到發掘[3]，時人對此亦多有體認，「清之季年，朝野上下鑒於環球法學日進精微，瞿然知墨守故步之不可為治，於是申韓墜緒漸有發明，而泰東西之成憲英美大陸之學說，益復競相纂述粲然著於國內」[4]。後來梁啟超弟子楊鴻烈作《中國法律發達史》，繼續這一尋求中國「成文法」的學術進程。《中國法律發達史》至今仍是中國法學研究的奠基之作，它對照西方法典編纂史發明中國歷史上的成文法。中國學者如此關注成文法的沿革，或許可以在更深一層上看作是對邊沁立法理性思路的承續。

這一知識引進活動的後果之一，是使得在傳統學問中處於中樞位置的禮學研究之地位日益尷尬。就此，沈家本的《法學盛衰說》呼籲

---

[1] 懷效鋒主編：《中國律學叢刊》，法律出版社1999年版，第9頁。

[2] 吉同鈞：《刑法為治國之一端若偏重刑法反致國亂議》，載《樂素堂文集》（第7卷），國家圖書館藏1932年鉛印本，第15頁。沈家本對此狀況有強烈的批評：「舉凡法家言，非名隸秋曹者，無人問津。名公巨卿方且以為無足輕重之書，屏棄勿錄，甚至有目為不祥之物，遠而避之者，大可怪也。」參見沈家本：《法學會雜誌序》，載《歷代刑法考·寄簃文存》，中華書局1985年版，第2244頁。

[3] 當然，必須指出的是，這一肯定法家申韓之術的思路並非僅由知識引進活動而來，比如傳統中人汪士鐸曾言：「管商申韓孫吳，後人所唾罵，而儒者尤不屑置齒頰。要而論之，百世不能廢，儒者亦陰用其術而陽斥其人爾。蓋二叔之時已不能純用道德，而謂方今之世，欲以儒林道學兩傳中人，遂能登三咸五，撥亂世而反之治也，不亦夢寐之囈言乎！」參見蕭穆：《汪梅村先生別傳》，載沈云龍主編：《近代中國史料叢刊》（第43輯），文海出版社1966年版，第581頁。

[4] 王樹榮：《考察各國司法制度報告書提要》，上海圖書館古籍部藏太原監獄1914年石印本，第3頁。

的傳統「法家」申韓之學「由衰而盛，庶幾天下之士群知討論，將人人有法學之思想，一法立而天下共守之，而世局亦隨法學為轉移」[1]，終於在某種意義上成為現實。在這一背景下，禮學已經無法以傳統時代兼括言說道德與制度的方式容身。換言之，基於經典的禮學研究再也無法為「出禮入刑」的全面治理模式提供無可置疑的學術基礎。

---

[1] 沈家本：《法學盛衰說》，載《歷代刑法考》（第 4 冊），中華書局 1985 年版，第 2143-2144 頁。

# 第二章
# 立憲的始基：邁向制度同一性

　　從歷史進程而言，刑以弼教的禮法傳統受到的現實衝擊根本在於立憲。在這一現實層面上引發的思想論爭在於，如果說傳統律法理想可以用「明刑弼教」一語概括的話，那麼「預備立憲」以來，律法之指歸可謂漸趨轉向「憲政始基」。換言之，其「弼教」就此在官方意識形態中日漸衰弱。

## 一　「仿行憲政」與禮法調適：清末修律宗旨演變考

　　新政上諭的發佈，是清廷官方對近代大變局認同的表示。新政的下一步就是立憲，在朝野一浪高過一浪的立憲呼聲下，一九〇五年七月十六日，上諭派戴鴻慈等五大臣「分赴東西洋各國，考求一切政治，以期擇善而從」。[1]諭亦以為「五大臣此次出洋考察政治，以為立憲預備，其關係於中國前途最重且大」，「可以定變法維新之國是」。[2]戴鴻慈隨後聯繫梁啟超起草有關立憲的考察報告。八月二十

---

[1] 故宮博物院明清檔案部編：《清末籌備立憲檔案史料》（上冊），中華書局1979年版，第1頁。

[2] 分別見於《時報》1905年9月25日、1905年7月18日。轉引自侯宜傑：《二十世紀初中國政治改革風潮：清末立憲運動史》，中國人民大學出版社2009年版，第44頁。

五日，戴鴻慈、端方聯名奏請依日本例改定官制。一九〇六年九月一日，清廷發佈上諭，正式決定「仿行憲政」：

> 時處今日，惟有及時詳晰甄核，仿行憲政，大權統於朝廷，庶政公諸輿論，以立國家萬年有道之基。但目前規制未備，民智未開，若操切從事，塗飾空文，何以對國民而昭大信。故廓清積弊，明定責成，必從官制入手，亟應先將官制分別議定，次定更張，並將各項法律詳慎釐訂。而又廣興教育，清理財務，整飭武備，普設巡警，使紳民明悉國政，以預備立憲基礎。[1]

一九〇六年九月二日，朝廷派載澤、奕劻、張之洞、端方、袁世凱等重臣會議改革官制。且不說其實際修改了多少，如此重大之事，清廷僅僅用了兩個月時間就改定了中央官制，其釋放的改革信號不可謂不大。

接下來就是法律改革了。

## （一）修律：「憲政始基」

「宣統建元，憲政頒佈，庶政維新。而與憲法最關切者尤莫如法律一項。」[2]及至宣統元年正月二十六日（1909 年 2 月 16 日），法部尚書戴鴻慈上奏請求催收關於新訂刑律草案的簽注意見，清廷隨即下旨催收，並於上諭中正式提出「法律為憲政始基」[3]一語，更是明

---

1 故宮博物院明清檔案部編：《清末籌備立憲檔案史料》（上冊），中華書局 1979 年版，第 43-44 頁。
2 〔清〕吉同鈞：《樂素堂文集》（卷五），北京韓城吉氏印行，國家圖書館藏 1932 年鉛印本，第 15 頁。
3 故宮博物院明清檔案部編：《清末籌備立憲檔案史料》（下冊），中華書局 1979 年版，第 857 頁。

確點出修律與憲政的關聯。按計劃，議院未開以前逐年籌備事宜清單中有關刑律的規定如下：光緒三十四年（1908），修改新刑律，由修訂法律大臣、法部同辦。第二年，頒佈《法院編製法》，由憲政編查館、修訂法律大臣同辦。第三年，頒佈新刑律，由憲政編查館、修訂法律大臣同辦。第四年，核定民律、商律、刑事民事訴訟律等法典，由憲政編查館辦。第六年，實行新刑律。第九年，宣佈憲法，由憲政編查館辦。[1]

官方給出的時間表如此，民間更是急迫。在戴鴻慈、端方回京路經天津時，八萬餘名學生上書提出「奏頒憲法，更改官制，復為法律」。[2]可見，無論是清廷還是在當時接受新知的讀書人觀念中，憲政官製法律已漸成為一個整體性有待引入的制度架構。

一九〇七年八月十三日，奕劻等奏請將考察政治館改為憲政編查館，同日奉旨俞允。該館與資政院之關係「一司編纂，一主贊定」，故其職責之一即「考核法律館所訂法典草案[3]」，事實上成為修訂法律館的上級機構，從而確立了修訂法律事業附屬於憲政框架的制度形式，其後，有奏倡議禮學館專派大臣與法律館會同商訂法律。禮學館之設肇端於兩廣總督岑春煊，但開辦以來該館形同虛設，「未見進一草案」。御史史履晉上摺稱：「今日歐風美俗漸染日深，袵纓之士不讀禮經之子競談新學，以踰閒蕩檢為自由，以尊己卑人為平等，以犯上作亂為民權。」因此，他提議修訂法律之事必要「博通古今洞明中

---

1 《憲政編查館資政院會奏憲法大綱暨議院法選舉法要領及逐年籌備事宜折附清單》，見《清末籌備立憲史料》（上冊），第54頁。
2 《中華報》1906年8月20日；《匯報》1906年8月15日。轉引自侯宜傑：《二十世紀初中國政治改革風潮：清末立憲運動史》，中國人民大學出版社2009年版，第51頁。按：此處所言學生數目過於龐大，似有誇張。
3 故宮博物院明清檔案部編：《清末籌備立憲檔案史料》（上冊），中華書局1979年版，第48頁。

外之才不足以成」，也即禮學館的人員參與。[1]上諭此摺發會議政務處議奏，頗值玩味的是，精通禮學且身在禮學館的曹元忠擬《遵議禮學館宜專派大臣管理與法律館匯同商訂疏》，稱此議「揆諸情事，似多窒礙」。[2]此次議論結果是禮學館的人僅在民律制定中得以參與，刑律則沒有。

## （二）修律宗旨的確立與禮教爭議的由來

雖然有修律從屬於憲政進程的意識與制度安排，但是清廷初始並未將其視作脫離禮教的過程，尤其是在預備立憲之前的所謂修律，主要是「整理舊律」，「刑以弼教」尚為《大清律例》當然的指導思想。清末新政前期（至「預備立憲」），刑律問題並未成為改革中心。張之洞主導的著名的《江楚會奏三摺》即對新政中的刑律修訂有過明確的意見，「整頓中法」摺中專列「恤刑獄」一條，但並未涉及《大清律例》條文本身的修改。在「採西法」摺中，涉及律例方面的內容為「定礦律、路律、商律、交涉刑律」，謂：「至刑律，中外迥異，猝難改定。然交涉之案，華民、西人所辦之罪，輕重不同，審訊之法亦多偏重。除重大教案，新約已有專條，無從更定外，此外尚有交涉雜案，及教堂尚未釀大事者，亦宜酌定一交涉刑律，令民心稍平，後患稍減，則亦不無小補。」[3]可知，張之洞等人修改刑律的原因為「驅民入教之患可漸除」這一由中外交涉而來的問題，對此採取

---

1 〔清〕史履晉：《奏為禮學館宜專派大臣官吏與法律館匯同商訂以維禮教而正人心摺》，載《大公報》1908年5月27日，第3版。

2 〔清〕曹元忠：《箋經室遺集》，載《清代詩文集彙編》（第790冊），上海古籍出版社2010年版，第477頁。

3 張之洞：《遵旨籌議變法謹擬採用西法十一條摺》（光緒二十七年六月初五日），載趙德馨主編：《張之洞全集》（第4冊），武漢出版社2008年版，第32頁。

的辦法並非修改《大清律例》本身，而是用傳統的慎刑明獄之法來整頓獄事，就刑律條文來說，其意見僅是補一「交涉刑律」。

正如李細珠先生所指出的，《江楚會奏三摺》可以作為清末新政第一階段的總綱領。三摺奏上後不久，光緒二十八年（1902）二月初二日，政務處奏《請改律例摺》，提出修改律例的辦法「應與公法參訂互證，以辦民教交涉之案，而商律附焉」，並指出改革法制之「大綱」：「一則舊章本善，奉行既久，積弊叢生，法當規復先制，認真整理；一則中法所無，宜參用西法以期漸致富強，屏除成見，擇善而從，每舉一事宜悉心考求」。[1]《續政務處條議》，載《申報》光緒二十七年七月二十日，第二版。

隨即，清廷發佈修律上諭：

> 中國律例，自漢唐以來，代有增改。我朝《大清律例》一書，折衷至當，備極精詳。惟是為治之道，尤貴因時制宜。今昔情勢不同，非參酌適中，不能推行盡善。況近來地利日興，商務日廣，如礦律、路律、商律等類，皆應妥議專條。著各出使大臣，查取各國通行律例，咨送外務部，並著責成袁世凱、劉坤一、張之洞慎選熟悉中西律例者，保送數員來京，聽候簡派，開館編纂，請旨審定頒發。總期切實平允，中外通行。[2]

開館編纂，即開設法律館。清代本有律例館專司修訂法律之事，開始是獨立機構，其後歸入刑部。此次開設法律館，在光緒二十八年（1902）草創，起初用律例館舊址，到光緒三十年（1904）正式開

---

[1] 《政務處條議》，載《申報》光緒二十七年（1901年）七月十九日，第2版。
[2] 第一歷史檔案館編：《光緒宣統兩朝上諭檔》（第28冊），廣西師範大學出版社1996年版，第36-37頁。

館，中間經過官制改革衝擊一度停頓，其後光緒三十三年（1907）重新開館。這一修律上諭將人員簡派任務交給主導新政的三位重臣，最終三人商定選派沈家本與伍廷芳為修訂法律大臣。三人意見中，尤以張之洞為主，其中沈家本久在秋曹，熟悉中律，且據董康言，沈家本與張之洞屬「葭莩之親」，也即關係較為疏遠的親戚，被舉在情理中。而伍廷芳亦早年即進入張之洞、袁世凱視野，光緒二十八年九月二十三日張之洞奏「查使美伍大臣熟諳外國律法，深通交涉」，後摺以「深幸得人」許伍廷芳交涉成果[1]，二人一中一西搭配，得到三位舉薦人的一致認可。光緒二十八年四月初六日（1902年5月13日）上諭：

> 現在通商交涉，事益繁多，著派沈家本、伍廷芳，將一切現行律例，按照交涉情形，參酌各國法律，悉心考訂，妥為擬議。務期中外通行，有裨治理，俟修定呈覽，候旨頒行。[2]

---

[1] 參見張之洞的《請調伍廷芳、袁世凱協助議約致軍機處、外務部》（光緒二十八年九月二十三日）；另有光緒二十八年九月二十九日的《請電飭伍廷芳迅速回國致軍機處、外務部》一摺，係袁世凱領銜，張之洞聯名會奏。以上均見《張之洞全集》，武漢出版社2008年版，第539-540頁。關於三位大臣的商議過程，參見李細珠：《張之洞與清末新政研究》，上海書店出版社2003年版，第261頁。

[2] 第一歷史檔案館編：《光緒宣統兩朝上諭檔》（第28冊），廣西師範大學出版社1996年版，第95頁。另，中英《馬凱條約》有「一俟查悉中國律例情形及其審斷辦法及一切相關事宜皆臻妥善，英國即棄其治外法權」條款，載王鐵崖編：《中外舊約章彙編》（第2冊），生活・讀書・新知三聯書店1959年版，第109頁。諸多學者把這一條約看成晚清修律的起因，高漢成先生則考證《馬凱條約》之簽訂在清廷修律上諭之後。我們認為，不能僅僅以文本簽訂時間來考慮事件的內在邏輯，其實中外交通以來，修律是必然的，引起爭論也是必然的。

上諭指出須「參酌各國法律」，修訂法律大臣沈家本意識到這一指示背後，並未有明確的修律宗旨。蘇亦工先生指出：「所謂『參酌各國法律』，『務期中外通行』之類措詞，微言大義，不過是個總體目標，並未提出一個明確的宗旨，令人不知底裡。」[1]一九〇五年，伍廷芳、沈家本上《刪除律例內重法摺》，於翻譯外國律典之外委婉地抱怨道：「現在各國法律既已得其大凡，即應分類編纂，以期剋日成書。而該館員等僉謂宗旨不定，則編纂無從措手。」並請求清廷「明降諭旨，宣示中外，俾天下曉然於朝廷宗旨之所在」。對沈家本的猶豫，《大公報》的觀察一語中的：「律例亟應大改，自不待言。惟沈、伍之才，雖能任其事而不能任其責。此事重大，非加派極有名望之王大臣，恐無人敢辦。」《時事要聞》，《大公報》一九〇二年八月三日。大改王朝律典，茲事體大，沈家本斷不敢自作主張。

在這種情況下，沈家本等人的工作只能是接續清朝的修律定例。在沒有新的修律宗旨的前提下，沈家本等提議先編訂一部《大清現行刑律》以為過渡之用。大清律例自有定本之後，漸漸形成了修訂定例，在沈氏上奏的《奏請編訂現行刑律以立推行新律基礎摺》中提及此例：「伏查乾隆年間定章，修律年限，五年小修一次，又五年大修一次。」「然歷屆修訂，僅就《條例》刪改增纂，罕及於律文。」[2]對這一定例的弊端，俞江先生業已指出：「律文修纂事關重大，修訂之後，各朝皆有不得妄議律條的規定。清代乾隆六年定製，律文再不得改動，例則五年一小修，十年一大修。徹底堵死了律文隨時損益的可能性，律不能隨時代變遷而調整。」[3]至同治九年（1870），「原

---

[1] 蘇亦工：《明清律典與條例》，中國政法大學出版社 2000 年版，第 354 頁。

[2] 董康：《前清法制概要》，載何勤華、魏瓊編：《董康法學文集》，中國政法大學出版社 2005 年版，第 228 頁。

[3] 俞江：《傾聽保守者的聲音》，《讀書》2002 年第 4 期。

有律文凡四百三十六條,例文凡一千八百九十二條」[1]。自此之後,則連大修小修之例亦停止,這也成為薛允升等職司西曹者念茲在茲的事業。因此,沈家本提議編訂《大清現行刑律》,形式上是接續這一業已中輟的修訂定例,這完全是舊有體制內的應有之義。

可見,《江楚會奏三摺》對新刑律的意見確為新政前期的修律所遵從,即「只欲略採西法,修而不改」。[2]在這種情況下,修律並不會引起禮教問題,然而從沈家本等人反覆請求清廷「定宗旨」一事即可看出,這一保守的意見絕非他們能滿足,如果他們完全認同刑以弼教的舊律宗旨的話,就不必汲汲於請求另定宗旨。

對於大修律典,以沈家本之資歷尚顯人微言輕。儘管從現有材料無法確知內情,不過筆者推測引起禮教問題的最根本原因是「預備立憲」之後,以奕劻為首的在中樞推進憲政改革的主導者倡導禮與憲不兼容,[3]由此引發以張之洞為首的儒臣集團的不滿,對這一修律進程加以駁斥。只有中樞大員的鼎力支持,才可能讓修訂法律館在上諭並無明定宗旨的情況下,採用最激進的刑律草案:盡用西法,並且起草權都完全託付給延聘的日本人。

---

[1] 修訂法律館:《欽定大清現行新律例》,載《續修四庫全書》(第864冊),上海古籍出版社2002年版,第6頁。

[2] 《時事要聞》,《大公報》1902年8月3日。

[3] 學者已經指出,不宜過高估計沈家本在清末修律中的作用,在整個改律進程中,他只是扮演執行者的角色而已。沈家本背後真正的決策者很可能是奕劻。高漢成先生注意到,在禮教派的攻擊下,奕劻屢屢起到重要作用,並指出:「他對沈家本主持起草的《大清刑律》草案的公開支持和贊成,是《大清刑律》最終通過的關鍵性因素。」參見高漢成:《簽注視野下的大清刑律草案研究》,中國社會科學出版社2007年版,第54頁。

修訂法律館成立以來「三閱寒暑，初則專力翻譯，繼則派員調查」，因「各法之中，尤以刑法為切要，乃先從事編輯」。[1]光緒三十二年（1906）九月間，法律學堂開課，延聘日本法學博士岡田朝太郎主講刑法，岡田朝太郎成為新刑律修訂過程中事實上的主導人員。岡田朝太郎起草的《刑律草案》真正導致傳統中國律典的斷裂[2]，按照岡田的記載，清末的刑法草案有六案之多：第一案於光緒三十三年（1907）八月脫稿，此即法律館具奏本；第二案為法律館會同法部根據中外各衙門督撫對於第一案的簽注意見修改而成，並於宣統元年（1909）十二月具奏；第三案乃憲政編查館根據第一案加以修正者；第四案為宣統二年（1910）之冬，資政院法典股股員對第三案的修正本；第五案為經資政院三讀通過的總則，而分則未經議論完畢部分暫從第四案者合併而成；第六案是宣統二年十二月二十五日上諭裁可的對第五案的修正案，此即清廷最後頒佈的新刑律定本。[3]

　　六案底本都是岡田朝太郎起草的第一案。光緒三十三年改組成立新的修訂法律館，代替光緒二十八年（1902）設立的舊館，此前《刑律草案》已經由岡田朝太郎大致起草完畢。岡田朝太郎介紹起草過程說：「法律館將於明治四十年被關閉，刑律草案雖有可能完成，然刑事訴訟法及其他附屬法的編纂到底不能完成。我當時徹夜把管寫作，到七月中旬右腋下起了雞卵大的腫物，日日疼痛，其困難可想而知。

---

[1] 沈家本：《修訂法律大臣沈家本奏刑律草案告成分期繕單呈覽並陳修訂大旨摺》，故宮博物院明清檔案部編：《清末籌備立憲檔案史料》（下冊），中華書局1979年版，第845頁。

[2] 據胡思敬云，新定法律草案出自岡田之手，其引證歷朝沿革，則取之薛允升稿本，法部郎中董康主筆。參見胡思敬：《國聞備乘》，中華書局2007年版，第122頁。

[3] 〔日〕岡田朝太郎：《論中國之改正刑律草案》，此文繫留庵譯自日本《法學協會雜誌》第29卷第3號，見《法政雜誌》1912年第1卷第2期。亦參岡田朝太郎：《論〈大清新刑律〉重視禮教》，《法學會雜誌》1901年第1卷第1期。

由於日期緊迫，不可有一刻延誤，用布包冰塊敷在痛處，到八月上旬，條文和理由書終於脫稿，並交付委員長。」[1]及至新法律館重新開館，館中同仁再行議處，「刑法一門不日即可脫稿」[2]。光緒三十三年（1907）十一月，《大清刑律草案》進呈完畢。

在此之前的光緒三十三年八月二十六日，沈家本上《刑律草案告成分期繕單呈覽並陳修訂大旨摺》，在公開的上疏中[3]，沈家本也已經完成從「請定修律宗旨」到「陳修訂大旨」的改變。沈家本奏稱：「臣審查現時之民俗，默驗大局之將來，綜復同異，絜校短長，竊以為舊律之宜變通者，厥有五端。」其列舉道：一曰更定刑名，二曰酌減死罪，三曰死刑唯一，四曰刪除比附，五曰懲治教育。[4]為這一激進的變律行為張本。

議禮與議律向為歷朝聚訟大端，熟諳舊律的沈家本恐怕比誰都明白，此案一出，必引起禮教爭論，因此此奏新刑律的大旨，他小心翼

---

[1] 據章宗祥：「修訂法律館最初成立時……新派尚無甚勢力，提調數人皆刑部舊法律家。」不過此後由於沈家本好延用留日學生，新法律館中新派分子漸多，這也是這一案得以順利在法律館內部通過的原因。參見章宗祥：《新刑律頒佈之經過》，載《文史資料存稿選編（晚清·北洋上）》，中國文史出版社2002年版，第34頁。

[2] 《修改法律之內容》，《神州日報》1907年10月2日。

[3] 據傳，董康與章宗祥曾於1905年起草過一部刑法草案，岡田朝太郎審閱後，認為主要係參考日本《舊刑法》（1887年）而成，應修、應改之處甚多，乃建議重新起草法案。董章二人起草的《刑律草案》由孫家紅先生發現於中國社會科學院法學所圖書館，整理本收於黃源盛主編《晚清民國刑法史料輯注》（上冊），臺北元照出版有限公司2010年版。筆者未見此草案原本，如按照孫家紅先生考證所云，則至少董康等留日學生早下定決心全襲日本刑法，不過其主張是否得到修訂法律館同仁一致意見仍存疑。本書此節重在整個清廷公開層面的修律宗旨，故以沈家本此摺為節點。

[4] 《修訂法律大臣沈家本奏刑律草案告成分期繕單呈覽並陳修訂大旨摺》，故宮博物院明清檔案部編：《清末籌備立憲檔案史料》（下冊），中華書局1979年版，第845頁。此處相關問題可參見李貴連編著：《沈家本年譜長編》，山東人民出版社2010年版，第197頁。

翼地避開了禮教問題。但是，紙終究包不住火，沈家本等進呈刑律草案之後，清廷諭旨將刑律草案「下憲政編查館知之」，此後由憲政編查館分咨京外討論參考簽注。由於此案基本移植自日本法律[1]，故而一經公布即引起廷議一片嘩然，「經憲政編查館奏交部院及疆臣核議，簽駁者伙」[2]。光緒三十四年（1908）五月初七日，張之洞以「大學士、管理學部事務大臣」身分對新刑律草案加以發難。[3]除了張之洞的儒臣立場外，促使張之洞於要員中首先發難的還有一因，即

---

1 黃源盛先生業已指出：「如果細察整部大清新刑律正文的內容，幾乎什九的條文都是有來歷的，不是照張謄錄日本、德國等國刑律，便是略加增減。」見黃源盛：《大清新刑律禮法爭議的歷史及時代意義》，載《中國法制現代化之回顧與前瞻：紀念沈家本誕生一百五十二週年》，臺北三民書局1993年版，第23頁。

2 趙爾巽等：《清史稿》，中華書局2003年版，第4190頁。

3 關於此摺前後史實，李欣榮先生有更詳細的考辨，見李欣榮：《如何實踐「中體西用」：張之洞與清末新刑律的修訂》，《學術研究》2010年第9期。大旨如下。據許寶蘅日記：「今日學部奏駁修律大臣所定刑律草案一折。此事初發難於陳仁先，於南皮樞相前極論之，南皮遂囑屬稿。」陳仁先「大旨謂新律於中國禮教大相反背，於君臣、父子、夫婦、男女、長幼之禮皆行滅棄，且改律之意注重收回治外法權，而收回與否視乎國之實力，非改律足以箝其口，擬請另派大臣會同修律大臣將舊律之繁而不切者改，即將新律之增者併入，南皮頗以為然」。不過，同在學部的「嚴範孫、寶瑞臣兩侍郎向來依附新學，崇拜日本，以此草案出於日本遊學生之手，不願加駁」，只因「此稿所駁諸條又關乎君臣、父子大倫，又不敢以為非，初有不願會銜之意。二十六日會議於學部公所，南皮問言諸君若不列銜，我當單銜具奏，嚴、寶不敢立異」。後「蒙古相國亦與南皮同意，於是嚴、寶乃輸情於項城，欲為阻撓，後經蒙古將原稿略為修改，嚴、寶遂勉強附名」。據董康回憶，學部副大臣宗室寶熙亦參與修改此摺，同時董康記載寶熙改定之理由亦與許寶蘅所記不同，寶熙初不願連署的原因是他看到張摺之後，見此摺因草案對「內亂罪」不處唯一死刑，「指為袒庇黨人，欲興大獄」，因「大驚」問張之洞曰：「公與沈某有仇耶？此折朝上，沈某暨一干纂修夕詔獄矣！」張之洞回道：「絕無此決，沈某學問道德，素所欽佩，且屬葭莩戚也。」寶熙又說：「然則此稿宜論立法之當否，不宜對於起草者加以指摘。」最後，此摺「由寶改定入奏」。綜合看來，董康此後多次提到有賴寶熙「規勸之力」才使得沈家本與自己的修律事業沒被張之洞參劾，他的記載似更為可信。即

官制改革之後,「臣部(引按:指學部)職司教化,明刑弼教,理本相因」。故而,張之洞「數月以來,悉心考核,查此次所改新律與我國禮教實有相妨之處,因成書過速,大都據日本起草員所擬原文,故於中國情形不能適合」。

在張之洞看來,中國立法之本為經典上規定的教之核心,「父子之親、君臣之義」。《尚書》曰:「明於五刑,以弼五教。」《王制》曰:「凡聽五刑之訟,必原父子之親,立君臣之義以權之。」故此,「我國以三綱立教,故無禮於君父者罪罰至重;西國以平等為教,故父子可以同罪叛逆可以不死,此各國其政教習俗而異,萬不能以強合者也」。此簽注總則開始即明確闡釋中國禮教的內涵,表明西律之不適合中國處:

> 一、中國即制刑以明君臣之倫,故舊律於謀反大逆者不問,首從凌遲處死。新律草案則於顛覆政府僭竊土地者為首魁或不處死刑,凡侵入太廟宮殿等處射箭放彈者或科以一百元以上之罰金,此皆罪重法輕與君為臣綱之義大相刺謬者也。
> 二、中國即制刑以明父子之倫,故舊律凡毆祖父母、父母者死,毆殺子孫者杖。新律草案則凡傷害尊親屬因而致死或篤疾者,或不科以死刑,是祖父母與路人無異,與父為子綱之義大相刺謬者也。
> 三、中國即制刑以明夫婦之倫,故舊律妻妾毆夫者杖,夫毆妾者非折傷勿論。妾毆殺夫者斬,夫毆妻者絞。而條例中婦人有犯罪坐夫男者獨多,是責備男子之意尤重於婦人,法意極為精微。新律草案則並無妻妾毆夫之條,等之於凡人之例,是與夫為妻綱之義大相刺謬者也。
> 四、中國即制刑以明男女之別,故舊律犯奸者杖,行強者死。

新律草案則親屬相姦與平人無別，於對未滿十二歲以下之男女為猥褻之行為者或處以三十元以上之罰金，行強者或處以二等以下有期徒刑，且曰奸非之罪與汲飲消眠同例，非刑罰所能為力，即無刑罰裁製此種非行亦未必因是增加，是業以破壞男女之別而有餘也。

五、中國即制刑以明尊卑長幼之序，故舊律凡毆尊長者加凡人一等或數等，毆殺卑幼者減凡人一等或數等。干君犯義諸條立法尤為嚴密，新律草案則並無尊長毆殺卑幼之條，等之於凡人之例，是以破壞尊卑長幼之序而有餘也。[1]

張之洞對新刑律的意見，是以「明刑弼教」觀念觀察新刑律的典型。刑以弼教，教之所重，在刑中亦以輕重相體現。許寶蘅云：「南皮請令會同法部按舊日刑律，以名律居首，實與中國倫常禮教互為經緯，若改從外國刑律，非先改親族法不可，不然終不能合符。」[2]這其實也代表了當時很多督撫的意見。

前文已及，對於大清律例由中外交涉而來的律文之變化，儒臣張之洞可以接受，他所公開的意見顯然還是以「明刑弼教」為出發點，且未因清廷立憲進程的展開而改變。然而，沈家本主持的修律卻在事實上將憲政的要求指向了刑律中的禮教內容。

回想新政的修律上諭，並無禮教明文。光緒二十八年（1902）上諭著派沈家本、伍廷芳修律亦未提及禮教的問題，究其原因，或許是因為當時清廷上下未曾料及修律會觸及禮教的問題。等到《刑事訴訟

---

[1] 以上所引張之洞議論，均見《奏為新定刑律草案多與中國禮教有妨摺》，佚名：《刑律草案簽注》，國家圖書館藏1910年油印本，原書無頁碼。

[2] 許寶蘅：《巢云簃日記》，載《近代史資料》總第115號，中國社會科學出版社2007年版，第44頁。

律》與《大清刑律草案》修成，以張之洞為代表，簽注意見紛紛集中於其中的禮教問題，促使清政府做出回應。張之洞等人從禮教的角度反對新法之舉引起了清廷的注意，稍後光緒三十三年九月初五日（1907 年 10 月 11 日），清廷諭令修律大臣沈家本等人修訂法律要「參考各國成法，體察中國禮教民情，會通參酌，妥慎修訂」[1]，此時清廷已經在原來的修律宗旨「參酌各國法律」之後再加上一條「體察中國禮教民情」了。[2]但此時，修律大臣已經完成了《大清刑律草案》的起草工作，並於光緒三十三年八月二十六日（1907 年 10 月 3 日）和十一月二十六日（12 月 30 日）先後將總則與分則上奏朝廷。一九〇七年，張之洞等人對《刑事訴訟法草案》進行批駁之後，上諭下達：「各國從無以破壞綱紀干犯名義為立憲者，況中國從來敦崇禮教名分謹嚴。採列邦之良規，仍宜存本國之禮教等因，欽此。」[3]宣統元年（1909）正月二十七日，又有一道《修改新刑律不可變革義關倫常各條諭》：

> 惟是刑法之源，本乎禮教，中外各國禮教不同，故刑法亦因之而異。中國素重綱常，故於干犯名義之條，立法特為嚴重。良以三綱五常，闡自唐虞，聖帝明王，兢兢保守，實為數千年相傳之國粹，立國之大本。今寰海大通，國際每多交涉，固不宜墨守故常，致失通變宜民之意，但只可採彼所長，益我所短，凡我舊律義關倫常諸條，不可率行變革，庶以維天理民彝於不

---

1　《清實錄》（第 8 冊），中華書局 1987 年版，第 661 頁。
2　李細珠：《張之洞與清末新政研究》，上海書店出版社 2003 年版，第 271-272 頁。
3　光緒三十三年九月初六日上諭，參見第一歷史檔案館編：《光緒宣統兩朝上諭檔》（第 5 冊），廣西師範大學出版社 1996 年版，第 5805 頁。

敝，該大臣務本此意，以為修改宗旨，是為至要。[1]

　　禮教的爭議，逼著清廷表態了[2]，這樣華夏律典中的禮法關係問題再次被激活，與古代中國不同的是，這次禮法關係被提出，乃是基於禮教原則面臨被根本拋棄的危險。在立憲的前提下，圍繞修訂刑律的爭論，區分只在於是否拋棄刑律中的禮教因素來引入憲政原則。

## （三）《大清刑律草案》的有限禮教化

　　按許寶蘅日記記載，張摺所上日期為光緒三十四年（1908）五月初七日，「兩宮覽後發下」，核以《刑律草案簽注》所云「光緒三十四年五月初七日軍機大臣面奉諭旨」，可知此摺乃上奏當日隨即旨交軍機大臣，「慶邸遂命擬交旨片，仍著修律大臣再詳細修改」[3]。

　　一九〇八年五月，法律大臣會同法部據簽注意見修改刑律草案，一九〇九年十二月修正案告成，復由法律大臣會同法部上呈。這是新律草案的第一次修正，主要的變動是草案正文外增入有關禮教的五條

---

1　故宮博物院明清檔案部編：《清末籌備立憲檔案史料》，中華書局1979年版，第858頁。

2　當然，此處只是說公開地成為廷議熱點，真實情況是自制訂新刑律起，就伴隨著禮教的爭論。據吉同鈞回憶：「當時館員十餘人列座公議，鄙人首以不適實用，面相爭論，並上書斥駁，無如口眾我寡，勢力不敵。隨即刷印散佈，外而各省督撫，內而六部九卿，群相攻擊，舉國嘩然。」可見，儘管參與修律力求從西諸公在以後總是說修律時他們處於劣勢，但是或許真正處於劣勢的恰恰是守舊一方，否則《大清新刑律》的草案就很難出臺。另外，雖然吉同鈞本人沒說，但以吉同鈞為首的法部「守舊者」對新刑律草案的禮教規定發難，有著重要的作用，因為律例乃專門之學，非治律專家本無從置喙。各省各部能立生反應，言之鑿鑿，群猜洶洶，其中必有所恃，而所恃者，要麼是更高層意見，要麼是法政留學生。參見俞江：《傾聽保守者的聲音》，《讀書》2002年第4期。

3　《許寶蘅日記》（第1冊），中華書局2010年版，第184-185頁。

附則。對這一改動，法部尚書廷傑與沈家本聯名上疏說明：「惟中外禮教不同，為收回治外法權起見，自應採取各國通行常例，其有施之外國不能再為加嚴，至背修訂本旨，然揆諸中國名教，必宜永遠奉行勿替者，亦不宜因此致令綱紀蕩然，均擬別輯單行法，籍示保存，是以增入《附則》五條，庶幾溝通新舊，彼此遵守，不致有扞格之虞也。每條仍加具按語，而於各簽注質疑之處，分別簽覆。」[1] 短短的五項附則，具有重要意義。比如，對未加附則的《大清刑律草案》，持舊派立場的劉錦藻云：「此編全系剽竊日本成法，並未將中國民情風俗法令源流通籌熟計酌量變通。」對於法部加上附則的提議，劉錦藻則大為讚賞，認為這是「補救之計」[2]。

然而，這一針對《大清刑律草案》的禮教化改變非常微小，甚至並非正文的改動，因此禮教條文是否應該進入刑律正文，成為下一階段爭執的重點。《修正刑律草案》的附則第二條云：「中國宗教遵孔，向以綱常禮教為重……況奉上諭再三告誡，自應恪為遵守，如大清律中十惡、親屬容隱、干名犯義、存留養親以及親屬相姦相盜相毆並發冢犯奸各條，均有關於倫紀禮教，未便蔑棄，如中國人有犯以上各罪，仍照舊律辦法另輯單行法以昭懲創。」[3]

對此，有醇儒之譽的勞乃宣針鋒相對道：「子孫違反教令之條均有關於倫紀禮教，為中國人所不可蔑棄者，應修入刑律正文之內。」[4] 附則中所謂「中國人另輯單行法」的說法更讓勞乃宣惱火：

---

[1] 廷傑、沈家本：《上〈修正刑律草案〉疏》，轉引自李貴連編著：《沈家本年譜長編》，山東人民出版社2010年版，第257頁。

[2] 劉錦藻：《清朝續文獻通考》，商務印書館1936年版，第9918頁。

[3] 故宮博物院明清檔案部編：《清末籌備立憲檔案史料》，中華書局1979年版，第887頁。

[4] 勞乃宣輯：《桐鄉勞先生（乃宣）遺稿》，載沈云龍主編：《近代中國史料叢刊正編》（第357冊），臺北文海出版社1966年版，第915頁。

「竊維修訂新刑律本為籌備立憲統一法權之計，凡中國人及在中國居住之外國人皆應服從同一法律，是以此法律本當以治中國人為主，特外國人亦在其內，不能異視耳，非專為外國人設也。今乃按照舊律另輯中國人單行法，是視此新刑律專為外國人設矣，本末倒置莫此為甚！」[1]勞乃宣的義憤不為無見，刑律乃一國之重典，而主持修律之人居然有如此看法，清末中國在憲政旗幟下的制度引進之虛弱可見一斑。問題是，荒謬以致於此的立法邏輯，如何就輕而易舉地獲得當時中國人，甚至是如沈家本等精研舊律學者的高度認同？

在思想層面上，沈家本在法家與西方法律學之間有意識地聯結。中國古代只有律家、律學、律治而無法家、法學、法治，信奉禮教的儒生，嚴禮法之辯，以禮治無刑為盛世理想。比如吉同鈞云：「士人束髮入學，即讀四書五經，志在聖賢；談及刑律，薄為申韓之學，輒鄙夷而不屑為。」[2]但是，沈、吉等律學家與這些「士人」不同，相較而言，沈家本又更為趨時。同梁啟超一樣，他自覺地在西方「法理學」與中國的「申韓之學」間作了對接，由此他所從事的「法學」的意義也得到了抬高。

民國元年（1912）元旦，沈家本日記載：「元旦，晨陰午晴，未出門，今日本應詣皇極殿行朝賀禮，因服色不便未去，同人相約如

---

[1] 勞乃宣輯：《桐鄉勞先生（乃宣）遺稿》，載沈雲龍主編：《近代中國史料叢刊正編》（第357冊），臺北文海出版社1966年版，第887頁。

[2] 吉同鈞作為律學大家薛允升的嫡傳弟子，其中律造詣世所公認。見吉同鈞：《刑法為治國之一端若偏重刑法反致國亂議》，載《樂素堂文集》第7卷，國家圖書館藏1932年鉛印本，第15頁。沈家本對此狀況有強烈的批評：「舉凡法家言，非名隸秋曹者，無人問津。名公巨卿方且以為無足輕重之書，屏棄勿錄，甚至有目為不祥之物，遠而避之者，大可怪也。」參見沈家本：《歷代刑法考·寄簃文存》（第4冊），中華書局1985年版，第2244頁。

此。呈遞如意兩柄，仍賞還。」[1]語氣之淡然令人吃驚，辛亥鼎革，如此大員對先朝文物制度毫無半點留戀，可見沈家本內心深處早對這一體制喪失信心。[2]

在晚清中西思想與制度的劇烈交鋒中，此類對舊體制的失望情緒極易促成一股禮憲對立的思潮，並演化成為政治實踐中的直接移植西法，不過由於郡縣制時代皇權禮教治天下的壓力，這股思潮最終沒有完全得勢。傳統中國，皇權需要禮教這一溫情脈脈的外衣，一批批抱持儒學理想的士子力求以禮教來制約皇權，此為郡縣制時代禮教與皇權關係的內在張力。以此再反觀前引張之洞奏摺，張之洞如此執著於律典中存續禮教原則的苦心方得更進一步的展現。作為朝廷重臣，張折更近於禮教宣言而非僅關注於律中之禮，就文本來說，張此處所奏與《勸學篇》中論述幾乎完全一致。《勸學篇上·明綱第三》云：「五倫之要，百行之原，相傳數千年更無異議，聖人所以為聖人，中國所以為中國，實在於此。故知君臣之綱，則民權之說不可行也；知父子之綱，則父子同罪、免喪、廢祀之說不可行也；知夫婦之綱，則男女平權之說不可行也。」[3]現有研究者多囿於「保守」這一現代社會科學話語來對張摺及其後清廷維護禮教之上諭進行解讀，進而認為

---

1 沈家本：《沈家本日記》，載徐世虹主編：《沈家本全集》（第7冊），中國政法大學出版社2010年版，第856頁。

2 當然，亦有另一批讀書人謹守禮教立場。比如，雖然舊體制積重難返，但針對刑律中禮教原則的退隱，汪穰卿等人仍力言「宜慎」，因為其所關絕非刑律而已。其云即使法律大臣本意「非果敢於變國教」，但事實的情況是「未有刑律廢之而禮教能存之也」，所以在律典中禮教存廢之事，甚至重於「立憲」本身，故而力誡其「慎行」。參見汪康年：《痛論頒行新刑律之宜慎》，載《汪穰卿遺著》，上海圖書館藏錢塘汪氏1920年鉛印本，第5-8頁。

3 張之洞：《勸學篇》，載趙德馨主編：《張之洞全集》（第12冊），武漢出版社2008年版，第163頁。

是禮教派的勝利云云，恐怕未能洞悉傳統禮教與皇權的微妙關係。在傳統語境中，天子宣示認同禮教，其最大意義首先不在於所謂保守，而在於承認自己接受禮教之制約。在這一脈絡下觀察張之洞以禮教為旗幟反對新刑律草案的「盡棄」禮教，其真正意義才得以彰顯。傳統禮律關係論題牽涉的一大關節是禮教可以形成對皇權的制約而律典不能，儒學名臣張之洞不可能不瞭解其中的隱微，唯此為廷議，無法亦不必明言。

這一點在張之洞、郭嵩燾等一批儒學名臣以禮教「尊尊親親」原則，對慈禧以光緒、宣統入繼大統相規制的努力中得到展現。以宣統承繼大統為例，光緒三十四年（1908）十月二十一日帝崩，無子，故而大統承繼問題再成疑議。《慈禧外紀》載：「太后初定嗣位，世續、張之洞皆以宜立長君為請，太后怒斥之，始定議。」遺詔以攝政王載灃之子溥儀入承大統，「嗣皇帝承繼穆宗為子，兼承大行皇帝之祧」，亦即承繼穆宗，兼祧光緒。據張壽安先生的研究，這裡世續與張之洞請立長君，與當年文祥請立「溥倫」一樣，都是從禮制的立嫡、立長、昭穆次序上維持帝脈的獨立性。對此，張壽安先生評論：「立國本有定制，脫卻制度，縱恣權欲，豈能恆長？」所謂「禮者，其為政之輿」，此評正是在肯定張之洞等禮學名臣以禮義維繫政治的苦心[1]，這點也正是此論的首要意義。值得注意的是，前引《修改新刑律不可變革義關倫常各條論》亦在宣統元年元月公布，距離光緒帝駕崩還不滿百日，亦即距離由宣統入繼大統而來的禮教爭論時日無多，幾乎可以肯定的是，張之洞心裡是將二事聯繫起來考慮的。在他看來，一旦從律典打開了禮教對制度形式制約的缺口，那麼後果可能

---

[1] 張壽安：《十八世紀禮學考證的思想活力——禮教論爭與禮秩重省》，北京大學出版社2005年版，第222頁。

是禮教被整體性拋棄，皇權亦無從約束。

## （四）小結

諸種合力造成清廷官方自始至終都謹守禮教底線，除了前引光緒、宣統兩朝明令修律不得更改倫常上諭外，在沈家本去職一事上更可見清廷在最後的時日仍未拋棄修律的禮教宗旨。宣統三年（1911），沈家本提出辭去修訂法律大臣和資政院副總裁兩項職務的請求，二月二十二日，清廷下諭：「以大學士世續為資政院總裁，學部右侍郎李家駒為資政院副總裁。」[1]又諭：「命法部左侍郎沈家本回任，以大理院少卿劉若曾為修訂法律大臣。」[2]沈家本所謂請辭，恐怕只是一種政治操作，實際的情況更可能是沈家本遭到奏劾。筆者在第一歷史檔案館查到奏摺一封，其謂：「查法律館初設即派沈家本充修訂法律大臣，原以其中律尚精必能審慎無弊，乃自任事以來，一切任館員主持，宗旨謬誤，以致所訂法律動與禮教背馳，顯違諭旨，今奉旨改派劉若曾，是沈家本修律不善為聖明所深悉。劉若曾學術素優，應請飭其持正宗旨，毋蹈沈家本故轍，致負委任。」[3]可見，至少沈家本去職的原因之一，即是與清廷所定「修律宗旨」相違背，由此可知直至清亡前夜，清廷對修律宗旨仍堅持禮教的旗幟。[4]

---

1 《宣統政紀》，載《清實錄（附宣統政紀）》（第60冊），中華書局1987年版，第886頁。

2 《宣統政紀》，載《清實錄（附宣統政紀）》（第60冊），中華書局1987年版，第886頁。

3 第一歷史檔案館藏：《奏請飭派江寧提學使勞乃宣幫同修訂法律事》，檔案號04-01-01-1114-006。

4 甚至清廷最高統治者還刻意在禮教與憲政之間建立關聯。宣統元年（1909）上諭內閣各部院衙門擬奏慈禧尊諡時，論及其文治武功有云：「比者頒佈立憲年限，薄海歡呼。此實遠紹唐虞三代好惡同民之心傳，一洗秦漢以來權術雜霸之治體。」《宣統政紀》，《清實錄（附宣統政紀）》（第60冊），中華書局1987年版，第15頁。

故此，針對《大清刑律草案》的有限禮教化修訂才成為可能，這在某種程度上亦是郡縣制時代直接移植西方律典之必然結局。禮教原則與皇權有直接關聯，因此禮教原則在刑律中的徹底消退，必定要等到皇權消失之後。障礙的掃除由辛亥革命完成。

## 二　過渡之用：《大清現行刑律》的編訂

光緒三十四年（1908）清廷允准沈家本等奏請「編訂現行刑律，以立推行新律基礎」，可見《大清現行刑律》自始即被置於傳統中國明刑弼教思想支配下的最後一部刑法典來看待，亦在邏輯上成為清末修律的一個起點。通觀從修訂到頒行的整個過程，從時間上可以分成前後兩個階段：第一階段為修訂法律館主導《大清現行刑律》一案[1]，名義上其所重為禮；第二階段為憲政編查館主導的《核訂現行刑律》，其意義在於「憲」的因素首次進入中國律典。

### （一）修律定例

《大清現行刑律》的修訂接續的是清朝修律例之定例，指向的是西方法律形式。《大清律例》自有定本之後，漸漸形成了修訂定例，修訂法律大臣沈家本在上奏的《奏請編訂現行刑律以立推行新律基礎摺》中說：「伏查乾隆年間定章，修律年限，五年小修一次，又五年大修一次。」[2]「然歷屆修訂，僅就《條例》刪改增纂，罕及於律文。」至同治九年（1870），「原有律文凡四百三十六條，例文凡一

---

[1] 懷效鋒主編：《清末法制變革史料》，中國政法大學出版社 2010 年版，第 41 頁。
[2] 董康：《前清法制概要》，載何勤華、魏瓊編：《董康法學文集》，中國政法大學出版社 2005 年版，第 228 頁。

千八百九十二條」[1]。事實上,「律文修纂事關重大,修訂之後,各朝皆有不得妄議律條的規定。清代乾隆六年定制,律文再不得改動,例則五年一小修,十年一大修,徹底堵死了律文隨時損益的可能性,律不能隨時代變遷而調整」[2],故自同治九年之後,未曾按此修訂律例之例再行修訂。此次《大清現行刑律》的修訂也是接續這一修訂定例,這實際成為清末新政中「修律」制度的歷史起點,在這一接續修律定例的背後則蘊含修訂法律大臣溝通新舊的用心:

> 新政之要,不外因革兩端,然二者想衡,革難而因易,誠以慣習本自傳遺,損益宜分次第,初非旦夕所能責望也。方今瀛海交通,儷同比伍,權力稍有參差,強弱因之立判,職是之故,舉凡政令學術兵制商務幾有日趨於同一之勢,是以臣家本上年進呈刑律專以折衝樽俎模範列強為宗旨。惟是刑罰與教育互為盈朒,如教育未能普及,驟行輕典,似難收弼教之功。且審判之人才、警察之規程、監獄之制度在在與刑法相維繫,雖經漸次培養設立,究未悉臻完善,論遭遞之理,新律固為後日所必行,而實施之期殊非急迫可以從事。考日本未行新刑法以前,折衷我國刑律,頒行新律綱領,一洗幕府武健嚴酷之風,繼復酌采歐制,頒行改定律例三百餘條,以補綱領所未備,維持於新舊之間,成效昭著。故臣等於陳奏開館辦事章程折內擬請設編案處,刪訂舊有律例及編纂各項章程,並額設總纂纂修協修等職分司其事。[3]

---

1 修訂法律館:《欽定大清現行新律例》,載《續修四庫全書》(第864冊),上海古籍出版社2002年版,第6頁。
2 俞江:《傾聽保守者的聲音》,《讀書》2002年第4期。
3 沈家本:《奏請編定現行刑律以立推行新律基礎摺》,載故宮博物院明清檔案部編:《清末籌備立憲檔案史料》,中華書局1979年版,第851頁。

在沈家本看來，同時期起草的以模範列強為宗旨的新刑律是「輕典」，驟行恐不可，是以須有過渡之用的刑法典。正如吉同鈞後來回憶所云，「修律大臣沈公首當其衝，因酌時勢之宜，平新舊之爭而有修訂現行律例之舉。奏派同鈞充總纂官編次，雖仍舊律而去其陳腐繁重，有礙新政各項，以為他日施行憲政基礎」[1]，此折由清廷下憲政編查館議復，除於《充軍名目章程》問題有異議之外，其餘皆贊同。[2]

據阮性存記載，《大清現行刑律》之淵源有四：明律、國制、諭旨、議准內外臣工條奏[3]，如此多的條文紛繁複雜。「專制之國，君主命令即成法律，故現行刑律中本於列朝聖訓者甚多，從前刊本於條款中間多載明欽奉上諭字樣，嘉慶六年修訂大清律例始皆編纂成例著之於篇，以後每屆修例亦均照此辦理」，尤其是本朝歷次臨時性的諭旨更是令許多辦案多年的老吏亦無從把握。沈家本云：「明初有律有令，而律之未賅者始有條例之名。弘治三年定問刑條例，嘉靖時復位為三百八十條，至萬曆時復加裁定為三百八十二條。國朝因之，隨時增修。同治九年修定之本，凡條例一千八百九十二條，視萬曆時增至數倍，可謂繁矣。」條例產生之初，「病律之疏也，而增一例；繼則病例之仍疏也，而又增一例。因例生例，孳乳無窮」[4]。馮桂芬亦注

---

[1] 吉同鈞：《法律館第三集課藝序》，載《樂素堂文集》（第 5 卷），國家圖書館藏 1932 年鉛印本，第 15 頁。

[2] 《憲政編查館等奏議復侍郎沈等奏請編訂現行刑律摺》，《政治官報》1909 年第 822 期。

[3] 阮性存著、阮毅成編：《大清現行刑律要論》，載沈云龍：《近代中國史料叢刊》（第 1 輯），臺北文海出版社 1966 年版，第 11 頁。當代學者何勤華歸納清代「例」的來源，主要有兩個方面：一個是皇帝的詔令，以及皇帝對臣下奏議等文件作出的批示（上諭）；二是從刑部就具體案件所作的並經皇帝批准的判決中抽象出來的原則。參見何勤華：《清代法律淵源考》，《中國社會科學》2001 年第 2 期。

[4] 胡星橋、鄧又天主編：《讀例存疑點注・序文》，中國人民公安大學出版社 1994 年版，第 1 頁。

意到:「吏之病根安在?在例。案太繁而已宜簡。」[1]光緒二十九年（1903）十一月,刑部左侍郎沈家本奏酌擬修改條例大概辦法,擬請「一面由臣部將中例修改完善,一面由臣家本與伍廷芳參酌各國法律另行辦理」,諭旨允准。[2]修訂具體辦法,其預計有刪除、修改、修並及續纂四項內容,因此次年久未修,未徇舊章俟全書告成始行繕寫進呈,而是修訂法律大臣先將較為簡易的刪除工作單獨完成。光緒三十一年（1905）三月十三日沈家本等先將刪除一項綜計三百四十五條分期繕單進呈。[3]刪除的律例條文計有:名例律四十九條,吏律職制十八條,禮律例十三條,戶律例六十九條,兵律例四十九條,刑律例一百三十一條,工律十六條。更為繁複的修改工作則延後。

其間適值更改官制,此數項計劃中的工作遂中輟,主持修訂工作的沈家本將此次中輟原因歸結為人事。光緒三十四年（1908）正月二十九日,沈家本、俞廉三聯名上《奏請編訂現行刑律以立推行新律基礎摺》,內云:「其修改修並續纂三項未及屬稿,適值更改官制,從前提調總纂各員有擢升外任者,有調赴他部者,暫行中止。」事實上,修訂法律館除常設修訂法律館大臣外,並無專門人員,其辦事人員皆為「特簡」[4]。此時,新刑律草案亦已經上呈且爭議已起但頒行之期仍遠,故此奏又云:「現在新律之頒佈,尚須時日,則舊律之刪訂,萬難再緩,臣等共同商酌,擬請踵續其事,以竟前功。」正是在此折中,此律命名為「現行刑律」之議始出:「如蒙俞允,即定其名

---

1 〔清〕馮桂芬:《校邠廬抗議》,載《續修四庫全書》（第 952 冊）,上海古籍出版社 2002 年版,第 507 頁。

2 徐世虹主編:《沈家本全集》（第 1 卷）,中國政法大學出版社 2010 年版,第 3 頁。

3 懷效鋒主編:《清末法制變革史料》（下冊）,中國政法大學出版社 2010 年版,第 5 頁。

4 「國史館」校註:《清史稿校注》（第 5 冊）,臺灣商務印書館 1999 年版,第 3429 頁。

曰《現行刑律》，由該總纂等按照修改修並續纂刪除四項逐加案語分類編錄。」[1]隨即修訂法律館開始編訂《大清現行刑律》的工作。宣統元年（1909）二月，清廷要求法部及修訂法律館加快編訂速度：「著一併從速編訂，請旨頒行，以慰朝廷變通法律循序漸進之至意。」[2]宣統元年八月二十九日由沈家本、俞廉三聯名上呈《大清現行刑律》黃冊。奏進時簡要說明了四項修改原則：一曰刪除總目，二曰釐正刑名，三曰節取新章，四曰刪並例文。[3]

變通舊律的過程，包括刪除律例內重法、虛擬死刑改流徒、變通行刑舊制、禁革買賣人口、刪除關於奴婢律例、禁止偽造外國銀幣章程、滿漢同刑制以及笞杖改罰金等在內，大多是修訂法律大臣沈家本等人分別以奏摺的形式進行的，清廷也是按照每個奏摺的不同情形給予單獨答覆，因此這些變通舊律的成果在當時是零散的，不系統的。此次編訂《大清現行刑律》對上述修律成果悉數採納[4]，此即後來定本《大清現行刑律》凡例所謂：「此次修訂刑律，凡光緒三十一年及三十三年業經奏准刪除者應免重載。其中有移改一條修改七條修併一條即應作為原例，籍省繁冗。」

---

[1] 沈家本、俞廉三合奏：《修訂法律大臣沈家本等奏請編定現行刑律以立推行新律基礎摺》，載《續修四庫全書》（第864冊），上海古籍出版社2002年版，第3頁。此摺又載懷效鋒主編：《清末法制變革史料》（下冊），中國政法大學出版社2010年版，第57頁。

[2] 佚名編：《大清宣統政紀》（第7卷），載沈云龍：《近代中國史料叢刊三編》（第68輯），臺北文海出版社1989年版，第128頁。

[3] 沈家本、俞廉三合奏：《大清現行刑律案語·奏摺》，載《續修四庫全書》（第864冊），上海古籍出版社2002年版，第5頁。

[4] 張國臣：《〈大清現行刑律〉初探》，中國青年政治學院碩士學位論文，2008年，第16-22頁。

作為此次修訂《大清現行刑律》重要步驟的刪除重法，其思想來源有中西兩方面：一方面是傳統禮教與仁政的要求；另一方面則是西方文明化的壓力。這兩個脈絡交織在一起，傾向西律的楊鴻烈先生於《中國法律發達史》中亦是在這一意義上認為：「這部大加改良後的《大清現行刑律》，又經過這一番的揚煉，不能不說是中國最後——而且是最進步的一部法典了。」[1]他在很小的意義上作出褒揚的評價。江庸亦以西方「文明」的視角看，「《大清現行刑律》之修訂於吾國法制雖無任何影響，然當時朝野已漸注意於刑獄之改良，有要政二端，一洗數千年殘酷黑暗之惡習，不可不一記者：（1）停止凌遲、戮屍、梟首三項，並免除緣坐刺字諸法。斯議創之沈家本。沈家本於新舊律能融會貫通，深知《大清律》之不善，思有所改革。自充修改法律大臣，遂建議請將律例內重刑變通酌改，清廷允行，原折剴切披陳，頗為中外稱誦，此光緒三十一年事也。（2）停止刑訊。此議發之兩江總督劉坤一、湖廣總督張之洞」[2]。

對比舊律，《大清現行刑律》的修訂變化最大的是體例，其中確實蘊含著復唐之舊的意義。「時官制改變，立憲詔下，東西洋學說朋興。律雖仍舊分三十門，而芟削六部之目。」[3]中國古代刑法典總則編的名稱叫「名例」，此起源於《法經》的《具法》而為歷代所沿。《大清現行刑律》中第一篇的名稱亦為「名例」，直到《大清新刑律》才正式以「總則」之名代替「名例」。中國古代刑法典的分則篇從《大明律》到《大清律例》均以吏戶禮兵刑工六部分類編纂，與中

---

[1] 楊鴻烈：《中國法律發達史》，中國政法大學出版社2009年版，第501頁。

[2] 江庸：《五十年來中國之法制》，載上海申報館編：《最近之五十年》，申報館1923年2月特刊，第1-26頁。

[3] 「國史館」校註：《清史稿校注》（第5冊），臺灣商務印書館1999年版，第3973頁。

央六部正相對應。清末預備立憲中的一項重要工作就是官制改革，一九〇六年十一月，清政府公布中央官制，確定共設定十一個部。經過官制改革後的新官制已經與原來的六部官制大相逕庭，律典亦隨之改革體例。《大清現行刑律案語》對此有詳細的闡述：「刑律承明之舊，以六曹分職，蓋沿用元聖政典章及經世大典諸書，揆諸名義，本嫌未安，現今官制或已改名，或經歸併，與前迥異，自難仍繩舊式，茲擬將吏戶禮兵刑工諸目一律刪除，以昭劃一。」[1]律學研究中對明律改為按六部分纂向多有批評。體例的變化雖未帶來條文實質內容的變化，但仍非同尋常。這是在整個刑律體系上的「復唐之舊」。

《大清現行刑律》「為王世琪、許受衡、羅維垣、吉同鈞、周紹昌及康（引按：指董康）六人所修訂」，其對於刑制的改變是將傳統五刑體系笞、杖、徒、流、死改為罰金、徒刑、遣刑、流刑、死刑。「凡若干條，意在作新舊過渡之用，大致採長安薛允升《讀例存疑》之說，恢復唐律之處不少。」[2]《唐律》是公認傳統中國最得「古今之平」的律典，無它，只因貞觀律「一依於禮」。其後律方面重要的是《大明律》，其制定之初雖亦是從丞相李擅長意見「今制宜遵唐舊」，實則對唐之損益頗多，君尊臣卑事多。「明律雖因唐律，而刪改過多，意欲求勝於唐律，而不知其相去遠甚也。」[3]事實上，「秦法最虐，漢法最平，唐法最佳，明法最酷」之說，[4]久為士子所承認。清末《大清現行刑律》實際修訂過程中並未在條文內容上作出多少改動，未在實質意義上做到薛允升所謂的「復唐之舊」。時人亦對此案頗感失望：「現行刑律雖以大清律例為本，固應大加刪訂以為施

---

[1] 故宮博物院編：《欽定大清現行刑律·奏疏》，海南出版社2000年版，第7頁。
[2] 何勤華、魏瓊編：《董康法學文集》，中國政法大學出版社2005年版，第462頁。
[3] 薛允升撰：《唐明律合編》，懷效鋒等點校，法律出版社1999年版，第1頁。
[4] 尹彥鈢：《論刑律》，載《萬國公報》1900年第139期。

行新刑律之先導,並應將條例與律文合而為一,條分類別以便應用,乃觀於現在頒行之現行刑律,仍依修例向章,僅為之刪移歸併,於新律全無印證。」因此,「此現行律之運命,固亦屈指可計矣」。[1]

## (二)人權:憲政因素首入律典

宣統元年八月二十九日(1909年10月12日)《大清現行刑律》完成,律文共四百一十四條,例文一〇六六條,由沈家本、俞廉三聯名上奏朝廷。[2]清廷照例將此律分發各部院大臣徵求意見,結合相關意見,憲政編查館對初案作出重大修正。一九一〇年二月,憲政編查館奏呈《核訂現行刑律》,「憲」的因素首次進入律典。

這集中體現在憲政編查館對沈家本進呈黃冊中延續舊律而來的「奴婢問題」的全面核訂上。奕劻等《核訂現行刑律》奏摺云:「買賣人口久為環球所指摘而與立憲政體保護人民權利之旨尤相背馳,此次編訂,未經議及,良以屬稿在未奉明詔之先,本月臣等議覆前署兩江總督周馥、監察御史吳緯炳等條奏,業經奉旨禁革,欽遵在案,自應將律內有關買賣人口及奴僕奴婢諸條一律刪除改定以昭仁政。」比如,「常赦所不原」律內涉及「奴婢殺家長」、「雖會赦並不原宥」。《核訂現行刑律案語》云:「宣統元年十二月二十一日,臣館會同修訂法律大臣奏請禁革買賣人口折,內稱嗣後無論滿漢官員軍民人等,不准以人互相買賣,從前原有之奴婢一律以雇工論,有犯案照雇工科斷。律例內關涉奴婢諸條悉予刪除……奉旨允准欽遵在案,本律奴婢字樣自應改為雇工,以符新章。」[3]

---

1 阮性存著,阮毅成編:《大清現行刑律要論》,載沈雲龍:《近代中國史料叢刊》第1輯,臺北文海出版社1966年版,第21頁。

2 沈雲龍:《近代中國史料叢刊三編》(第68輯),臺北文海出版社1989年版,第369頁。

3 憲政編查館:《核訂現行刑律》,載《續修四庫全書》(第865冊),上海古籍出版社2002年版,第16頁。

可見，迫於合於憲政的要求，憲政編查館對律文進行了「合於人權」的實質變動。《憲政編查館奏請飭修訂法律大臣另編重訂現行刑律片》不滿修訂法律館本：「此次編訂現行刑律，系因舊律多年未修，新章疊出，端緒紛繁，引用不便。是以按照現在通商章程，改其不合，補其未備。刪其已廢諸條，以便援引，故謂之現行刑律。並未能遽與新律相接近也。……擬請旨飭下修訂法律大臣，按照所奏諸端，再行考核中外制度，參酌本國情形，詳加討論，悉心審訂，另定體例，編為重訂現行律一編，進呈請旨，以期與各新律漸相比附，俟籌備屆期即可徑行新律，以免扞格而厴人心。」[1]顯然，憲政編查館希望此律更多引進西律內容。就此，憲的因素以破壞舊體系的方式進入刑律，而且進入的是清自乾隆五年以來謹守的「修例不修律」的律正文。

憲政編查館的核訂帶來傳統律典體例方面另一重大變化：民刑分離。法制史學界長久以來以民刑合體認知中國傳統律典，《大清現行刑律》的編纂者之一董康認為：「《大清律例》編纂之法，系民刑及訴訟法合而為一。民法之事項，不外戶役、田宅、婚姻、錢債、市廛五類。列朝民事法向不發達，所以然者，中國以禮教立國，民事除繼承外，其他事項，大都主於退讓。」[2]修訂法律館的《大清現行刑律草案》開始僅將體例變化，並未將舊律內有關「民律」部分刪除，故時人有云：「現行刑律之內容豐富，實為最廣義之刑法，無論何種犯罪均應受其支配，故就事物上言之，則現行刑律之效力絕無制限，遠過各國之刑法法典也。」也許是出於調和的目的，在宣統二年（1910）呈進現行刑律的奏摺中最終意見為：「現行律戶役內承繼、

---

1 懷效鋒主編：《清末法制變革史料》，中國政法大學出版社2010年版，第67頁。
2 董康：《中國修訂法律之經過》，載何勤華、魏瓊編：《董康法學文集》，中國政法大學出版社2005年版，第462頁。

分產、婚姻、田宅、錢債各條應屬民事者,毋再科刑。……若婚姻內之搶奪奸占及背於禮教違律嫁娶、田宅內之盜賣強占、錢債內之費用受寄,雖隸於戶役,揆諸新律,俱屬刑事範圍之內,凡此之類,均應照現行刑律科罪,不得諉為民事案件致涉輕縱。」[1]它以兼顧禮教的方式確立了民刑分別的律典體例。

當然,從舊的禮律體系來看,《大清現行刑律》仍稱得上一部謹守刑以弼教理想的最後一部律典。江庸云:「是書僅刪繁就簡,除削除六曹舊目而外,與《大清律》根本主義無甚出入;與今之《新刑律》亦並未銜接,實不足備新舊律過渡之用。蓋與斯役者,皆刑部秋審處及刑幕人員,其學問思想不能出《大清律》範圍之外也。」此律「服制一篇詳列族親服制,殆同於日本舊刑法第十章之親屬例」。雖然宣統二年四月憲政編查館會同修訂法律館的《進呈現行刑律黃冊摺》中聲明「仍將舊律服制八圖弁冕簡端,而其餘各圖目均廢棄」,但時人已開始不以服制圖為要。阮性存認為:「既有服制圖,則服制一篇亦嫌重複,自無規定之必要。」只是因為我國現在民法未備,「而刑律中殺傷親屬及親屬相姦盜等條與服制大有關係,則列諸篇首以備查核,在當日固屬必要」[2]。

宣統二年四月初七日(1910年5月15日),奕劻等上呈進現行刑律黃冊定本摺,並聲明兩館公同刊印頒發。同日上諭云:「朕詳加披覽,尚屬妥協,著即刊刻成書,頒行京外,一體遵守。國家律令,因時損益,此項刑律為改用新律之預備,內外問刑各衙門,務當悉心講求,依法聽斷,毋得任意出入,致滋枉縱,以副朝廷慎刑協中之至

---

1　法律館:《憲政編查館會奏呈進現行刑律黃冊定本請旨頒行摺》,載故宮博物院編:《欽定大清現行刑律·奏疏》,海南出版社2000年版,第15頁。
2　阮性存著,阮毅成編:《大清現行刑律要論》,載沈云龍主編:《近代中國史料叢刊》(第1輯),臺北文海出版社1966年版,第4頁。

意。」[1]修訂後的《大清現行刑律》共分為三十門，三十六卷，律文三百八十九條，附例一千三百二十七條，此外還附有《禁煙條例》十二條和已經經過修改的《秋審條款》五門一百六十五條。「統計原擬編定現行律，輯刪者律文四百一十四條，例文一千〇六十六條，經覆核勘正者二百六十一條。現又照新章修改刪除者六十七條。」[2]

自光緒二十八年（1902）沈家本被任命為修訂法律大臣始至宣統二年（1910）止，歷經九年，《欽定大清現行刑律》終於付諸實施，當然，實際情形可能甚為不堪。以浙江省為例，據阮性存記載，「大清律例自順治五年制定頒佈，其後屢經修改，均未定明實行期日，名例律雖有律目頒降日為始之明文，而實際則均以各省督撫奉到明文之日為準……現行刑例自宣統二年四月初七日奉上諭頒行，今已歷四月，傳聞刊印之本尚未頒發到浙，亦可異矣」[3]。按照楊鴻烈的說法，「這書在宣統二年四月初七日才奉上諭『著即刊刻成書，頒行京外，一體遵守』，但沒有一年多，革命軍起，滿清政府就根本推翻，所以實際上確未施行」[4]。

---

1 故宮博物院明清檔案部編：《清末籌備立憲檔案史料》，中華書局1979年版，第880頁。
2 《憲政編查館會奏呈進現行刑律黃冊定本請旨頒行摺》，《國風報》1910年第1卷第13期。
3 阮性存著，阮毅成編：《大清現行刑律要論》，載沈云龍：《近代中國史料叢刊》第1輯，臺北文海出版社1966年版，第17頁。
4 楊鴻烈：《中國法律發達史》，中國政法大學出版社2009年版，第501頁。

# 第三章
# 禮律分離：邊界與輕重

如上章所論，真正導致傳統中國律典出現斷裂的，是清末新政中起草的《大清刑律草案》，關於這一問題論者多矣。本章特別關注其中刪除比附與君親條文之變遷，以觀察圍繞這一草案割斷禮律聯繫帶來的思想震盪。

## 一 邊界：刪除比附的禮義問題

古典時代「議事以制，不為刑律」，准予司法者按禮義「自由」裁量涉案者應當為何罪的權利。鄭子產「鑄刑鼎」公布「成文法」以來，這一司法形態漸漸一去不復返。秦漢完善的律令體系建立，「斷罪引律令」成為對司法官的基本要求。

隨之而來的問題是，「律令不能該載」的疑獄如何處理？這就是「比附」律條的產生。《漢書‧刑法志》：「高皇帝七年，制詔御史：『獄之疑者，吏或不敢決，有罪者久而不論，無罪者久系不決。自今以來，縣道官獄疑者，各讞所屬二千石官。二千石官以其罪名當報之。』」沈家本的《歷代刑法考》「斷罪無正條」曰：「比附律令之法實始見於此。」[1]

---

[1] 沈家本：《歷代刑法考》（第4冊），鄧經元等點校，中華書局1985年版，第1810頁。後世的比附律會有一定流變，比如陳新宇先生通過量化的方式，發現「相對於唐宋的『比附』以列舉的形式出現，明清乃直接將『比附』作為一種法律發現技術規定於『斷罪無正條』中」，但大旨相同。參見陳新宇：《從比附援引到罪刑法定：以規則的分析與案例的論證為中心》，北京大學出版社2007年版，第15頁。

當然，這一「比附」律的產生並不是必然的，比如西方現代法律講究「罪刑法定」，「法無明文規定不為罪」，故而不會產生所謂「律令不能該載」的問題。因此，中國「比附」律產生的最根本原因在於，傳統中國律令體系試圖實現對社會的全面治理[1]，無論是基於法家的律令體系，還是後來禮教化的律令體系，皆然。

　　只有從這一基點出發，才能真正進入「比附」律的中國語境。[2]「比附」律特別能顯示出儒法二家（對應「禮」與「法」）關於律令運作邏輯的不同觀點。法家律令體系的根基在於「君生法」，基於這一前提的「比附」運作，是將「律令不能該載」的問題反饋給君主決斷。[3]所以，前引《漢書·刑法志》「高皇帝七年詔」後文言：「所不能決者，皆移廷尉，廷尉亦當報之。廷尉所不能決，謹具為奏，傅

---

[1] 清末對中國刑法體系研究甚深的阿拉巴德（Alabaster, Ernest）曾指出這一點。1899年阿拉巴德出版了《關於中國刑法和同類性質論題的評注》一書。阿拉巴德為著名漢學家，曾在中國海關供職，故其研究水平很高，與斯當東只翻譯《大清律例》的律文不同，阿拉巴德對《大清律例》的律與例都進行了研究和翻譯，同時詳細研究和介紹了中國家族法、民事法及習俗法，因此，此書成為當時研究中國法律的集大成之作。阿拉巴德認為需要區分《大清律例》和「刑法」，指出過去認為中國刑法存在於《大清律例》之中的認識是狹隘的，事實上，「中國刑法涵蓋的內容非常全面和龐大，中國刑法有無所不包的重要性」。

[2] 戴炎輝先生將中國律典的這種法家律令基底比照西方現代刑法的罪刑法定主義：「我國舊律……蓋由於罪刑法定主義的要求，對罪刑採取絕對刑主義，以防止官司的擅斷。」參見戴炎輝：《中國法制史》，臺北三民書局2000年版，第20頁。同樣地，陶安認為，以「上請」的程序來防止法官的擅斷，是很合理的法律制度，只是在從絕對確定法定刑向相對確定法定刑的轉變中，比附才會與罪刑法定產生矛盾。參見陶安：《「比附」與「類推」：超越沈家本的時代約束》，載《沈家本與中國法律文化國際學術研討會論文集》，中國法製出版社2005年版，第461頁。筆者認為，它們皆為脫離中國語境之論。

[3] 錢穆先生曾說：「現代的一般人，都說中國人不講法，其實中國政治的傳統毛病，就在於太講法，什麼事都依法辦。」就是表述的這一層意思。參見錢穆：《中國歷代政治得失》，生活·讀書·新知三聯書店2001年版，第126-127頁。

所當比律令以聞。」也就是逐級上奏，以達至最高統治者皇帝。這就是「奏讞文獻」，比如張家山漢簡有《奏讞書》。儒家則與之不同：以禮論律，或者說以經義論律，二者內涵一致。漢人謂《春秋》經為「禮義之大宗」。董仲舒即以《春秋》論律，形成「春秋決事比」。因此，就禮律關係而言，「比附」實為儒家以禮義干預司法的一個入口。[1]

明晰其中邏輯之後即毫不意外，《大清刑律草案》刪除「比附」一節一定會引起舊學中人的群起反對，甚至無論其立場為「禮」還是為「法」。一言以蔽之，在筆者看來，刪除「比附」律條的重大後果首先在於，為中國律令體系理想之「全面治理」劃定「邊界」。從這一個意義上說，筆者認同章宗祥所謂此條之刪乃「新律與舊律原則上最衝突之點」。[2]

（一）立憲與比附「尤為牴牾」

在刑事訴訟法的爭論中，吉同鈞意識到，以西方刑法中的罪刑法定原則看中律，最有問題的部分為「比附」之例。吉同鈞認為罪刑法定可能會對比附形成威脅：「（唐律）雖未明言比附，而舉此明彼，即暗寓比附加減之意。蓋天下之事變無窮而律例之所載有限，若不比照加減，則高下出入無所準繩，故承審官臨時裁酌，務祈平允，申該

---

[1] 關於這點，張偉仁先生與陳新宇先生有論，本書與二位研究先進的不同之處在於，嚴格區分古典時代的「議事以制」與傳統時代的「比附」制度。參見張偉仁：《傳統觀念與現行法制——「為什麼要學中國法制史？」一解》，《臺大法學論叢》1987年第1期。又，這裡論述「比附」是「司法」問題，僅僅是便宜之計，「比附」所涉問題很難說僅僅對應西方意義上的「司法」，沈家本已意識到這一層。

[2] 章宗祥：《新刑律頒佈之經過》，載中國人民政治協商會議全國委員會文史資料委員會編：《文史資料存稿選編（晚清・北洋上）》，中國文史出版社2002年版，第35頁。

上司議定奏聞，不得以律無正條，輒任一時之臆見逕自決斷，致罪有出入也。⋯⋯刑部亦稱為比部，即此意也。但現在泰西各國刑法，惟俄律尚有比例一法，其餘各國均無此例。日本採用法德二國刑制，凡法律上無正條者無論何種所為，不得處罰，現在新定民刑訴訟法第七十八條採用其意，亦有律無正條不論何種行為不得判為有罪之語。此法若行則此律即應議廢。惟中國情形不同，比附一法恐不能驟除，現在外省已有頂駁者，將來能否行之無弊，尚難預決也。」[1]這一觀察非常敏銳。

沈家本等的《奏進呈刑律草案摺》所述新律改革大端，盡量避開處於意識形態風口浪尖的禮教問題。但是，草案還是明確規定：「（比附）定例之旨，與立憲尤為牴牾。立憲之國，立法、司法、行政鼎峙，若許司法者以類似之文致人於罰，是司法而兼立法矣，其弊一。」[2]

立憲與比附律「尤為牴牾」，造成沈家本這一認知的原因有很多。首先是混淆「比附」與「類推」，這一點大約與岡田朝太郎有關。岡田朝太郎認為：「希臘格言，無法無罪，故刑法不許類似解釋，類似解釋，即比附援引。中國司法辦案，無律則引例，無例則援案，皆類似解釋也。」陳新宇先生據此推測：「或許是這番話，傳統中國的比附援引就被扣上『類推解釋』的帽子。」[3]然而，正如有學者指出的，「比附」和「類推」在邏輯上是區別很大的思維方式：

---

[1] 吉同鈞：《大清現行刑律講義》，北京大學圖書館閱覽室藏京師法政法律學堂1910年用書，第136頁。

[2] 沈家本等：《奏進呈刑律草案摺》，載林乾、王麗娟點校：《大清新法令》（第1卷），商務印書館2010年版，第460頁。

[3] 〔日〕岡田朝太郎講述，熊元翰編輯：《京師法律學堂筆記》，轉見陳新宇：《從比附援引到罪刑法定——以規則的分析與案例的論證為中心》，北京大學出版社2007年版，第94頁。

「如果說通過抽象的律文定罪是一種定性分析，那麼通過與例或成案中的情節進行比對的工作，即『比附』，就是一種定量分析。前者如果說是以概念和語句為依據，以三段論為方法，後者則以情節和事實為依據，以經驗歸納為方法，二者本是司法實踐中不可或缺的兩個面向。」[1]無論如何，將中律的「比附」對照成「類推解釋」之後，在沈家本看來，它就是「許司法者以類似之文致人於罰」，屬於立法權的領域。

據陳新宇先生考證，主持修訂法律事業的沈家本對「司法獨立」的認知有轉變，並且與岡田的意見密不可分。沈家本公開呼籲司法獨立是在光緒三十二年（1906）四月。[2]董康等人系由沈家本於光緒三十一年（1905）九月奏派赴日調查裁判監獄事宜，目的為「將來試行新律之參考」。此報告書「調查裁判清單」，起首即為「司法權」：「司法獨立之制，創自泰西各國，日本仿之，因以收回治外法權著有明效。所謂獨立者，非惟行政官不能預聞，即上官亦不能關涉也。」沈家本在讀到這一調查書之後上奏云：

> 伏查司法獨立，與立憲關係至為密切，日本開港之初，各國領事俱有裁判之權，逮維新以來，政府日孜孜於裁判統一，不數十年，卒使僑民服從其法律之下。論者謂國力之驟張，基於立憲，其實司法獨立，隱收其效。[3]

---

[1] 俞江：《傾聽保守者的聲音》，《讀書》2002 年第 4 期。

[2] 陳新宇認為沈家本這一主張是由董康等人赴日考察輯成的《調查日本裁判監獄報告書》而來。陳新宇：《從比附援引到罪刑法定——以規則的分析與案例的論證為中心》，北京大學出版社 2007 年版，第 96-97 頁。

[3] 董康：《調查日本裁判監獄報告書》，北京農工商部印刷科 1907 年鉛印本，第 2 頁。

沈家本將立憲與司法獨立明確關聯。他依據自己的傳統司法制度的知識，聲稱：「司法獨立非惟歐西通行之實例，亦我中國固有之良規。」宋明史實皆在。在回溯中西皆有司法獨立之良法之後，沈家本自然批評「以行政官而兼任司法之害」，其大端有四：官員無法諳熟律例；刑名幕友把持司法；官員無視朝廷成憲；還有最重要的，即無法收回領事裁判權。「領事裁判權不過以彼之法繩彼之民，然英之於上海、德之於膠澳，華民訟案亦越俎代謀。近日本更大開法院於遼左，臥榻之旁，豈容他人酣睡，矧其為陪都重地耶？法權所在，即主權隨之。以審判不同之故，予以口實，貽蔓草難圖之禍。」有此四點，沈家本上奏呼籲「司法獨立為及今刻不可緩之要圖」。

## （二）律無正文：禮義干預

在這一認知下，法案起草人員將司法獨立之旨直接對應於草案第十條，也就不為怪了：「凡律例無正條者，不論何種行為不得為罪。」《大清刑律草案》奏其所以改之理由云：

> 本條所以示一切犯罪須有正條乃為成立，即刑律不准比附援引之大原則也。凡刑律於正條之行為若許比附援引及類似之解釋者，其弊有三。第一，司法之審判官，得以己意，於律無正條之行為，比附類似之條文，致人於罰，是非司法官，直立法官矣。司法、立法混而為一，非立憲國之所宜有也。第二，法者與民共信之物，律有明文，乃知應為與不應為，若刑律之外，參以官吏之意見，則民將無所適從。以律無明文之事，忽援類似之罰，是何異以機阱殺人也。第三，人心不同，亦如其面，若許審判官得據類似之例，科人以刑，即可恣意出入人罪，刑事裁判難期統一也。因此三弊，故今惟英國視習慣法與成文法

為有同等效力，此為歐美及日本各國，無不以比附援引為例禁者。本案故採此主義，不復襲用舊例。[1]

細究起來，這三點都是針對審判官而言，亦即上述沈家本念茲在茲的司法官吏的自由權問題。最重要的一條即為司法官如「得以己意」、「比附類似之條文」，則為兼立法官，是司法立法混而為一，與立憲原則牴觸。其餘兩條則重點從審判官之任意性比附導致的後果來反向論證，刑律需要確定的法條。法律館的《大清刑律草案》原奏對刪除比附之說明亦措意於刪除比附之後，既可保持審判官對於律例大旨之遵守又不致為律例所束縛：「茲擬刪除此律，而各刑酌定上下之限，憑審判官臨時審定。並別設酌量減輕、宥恕減輕各例，以補其缺。雖無比附之條，而援引之時，亦不致為定例所縛束。論者謂人情萬變，斷非科條數百所能該載。不知法律之用，簡可馭繁，例如某殺應處死刑，不必問其因奸因盜。如一事一例，恐非立法家逆臆能盡之也。」將本段之前的一段說明比附歷史沿革的文字與沈家本後來答覆簽注意見的文字相比對，可以確定此段上奏意見確為沈家本的意見。[2] 可見，沈家本對刑律中刪除比附一條寄予的期望，還是在刑律

---

1 《修訂法律大臣沈家本等奏進呈刑律草案摺》，載上海商務印書館編譯所編：《大清新法令》（第1卷），商務印書館2010年版，第472頁。
2 章宗祥後來亦回憶此處乃「沈以毅力主持，始得通過」。參見章宗祥：《新刑律頒佈之經過》，載中國人民政治協商會議全國委員會文史資料委員會編：《文史資料存稿選編（晚清·北洋上）》，中國文史出版社2002年版，第34頁。

之確定性之外部分保持司法者的自由裁量權。此中問題重大。[1]

很多簽注反駁意見都強調，如不許比附，則法條之外的罪無法該載。比如，川督簽注總則清單謂：「竊以人心詐偽百出，案情變化萬殊，斷非律例數百條所能該載。情罪俱各相若而律例均未載及，故特立比引律條以補其闕如，此等類更僕難數。宥之則罪不可逭，罰之則律無正條，雖本案各刑中定有上下之限，暨酌量減輕，宥恕減輕各例可以臨時審定，然所犯之罪與各刑相同者自可審其情節之輕重，按其制限制上下，酌量加減以定之。倘與各刑絕不相侔者，取捨從違殊難折衷至當。」又如，蘇撫簽注：「誠以天下事變萬端，有非法律所能該備者，故特設此條為用法之準則，此正執簡御繁之善法。」[2]兩廣總督簽注總則清單：「名例律載□□□該載不盡事理，若斷罪無正條者援引他律比附，應加應減定擬罪名議定奏聞，若執斷決致罪有出入，以故失論。原以法制者有限，情變無窮，無論如何詳定科條，均不盡天下之情偽，故特設比附定擬之法，斯亦執簡馭繁之道也。」

---

[1] 當然，沈家本對這一問題出現過前後不一的看法，比如他亦有認同刑賞「唯人主專之」的看法，並將之等同於西方的罪刑法定主義。《漢書·刑法志》載劉頌云：「律法斷罪，皆當以法律令正文，若無正文，依附名例斷之，其正文、名例所不及，皆勿論。法吏以上，所執不同，得為異議。如律之文，守法之官，唯當奉用律令。至於法律之內，所見不同，適得為異議也。今限法曹郎令史，意有不同為駁，唯得論釋法律，以正所斷，不得援求諸外，論隨時之宜，以明法官守局之分。」沈家本按語云：「頌疏後段所言，今東西各國之學說正與之同，可見此理在古人早已言之，特法家之論說無人參究，故稱述之者少耳。至前段所言，欲主者守文，大臣論當，為事無正據、名例不及者開一方便之門，然必大臣明於法律，方能釋滯而事無閡。否則任情專斷，安得皆公，仍不若大臣小吏各守其局，庶法可一也。」參見沈家本：《明律目箋》，載鄧經元、駢宇騫點校：《歷代刑法考》，中華書局1985年版，第1783頁。

[2] 兩廣總督、滇撫、黔撫簽注同駁。參見憲政編查館編：《刑律草案簽注彙編》，國家圖書館古籍部藏油印本，原書無頁碼。本節所引「簽注」材料皆出自本書。書中原資料模糊難以確認何字的，以「□」代替，下同。

以法家整全性律令體系思維來看,「比附」技術中本蘊含著防止奸吏之意。江西巡撫馮汝騤奏認為:「原律該載不盡事理,若斷罪無正條援引他律比附加減定擬罪名,議定奏聞定奪者,所以防承審官吏任意輕重,立法不為不嚴。」湖廣總督簽注刑律總則草案則僅是策略性的擔心:「刪除此律而於各刑酌定上下之限,憑審判官臨時審定,並設減輕各條,以補其缺。惟審判人才現尚缺乏,各條所載罪名頗多死刑與徒刑並列之處,設審判官程度不及,援引失當,即難免罪有出入,恐亦不能無弊,該條似應修訂。」

儒家思維則以准情酌禮為律令不能該載的補救。早在針對《刑民訴訟法》的意見中,張之洞即提出:「中國舊日律例中,如果審訊之案為條例所未及,往往援三禮以證之,本法皆闕焉不及。」[1] 滇撫簽注總則清單:「查律例無正條不得為罪,本各國之通例,特情幻百出,律所難該,設有准情酌理確為有罪之行為,只以律無正條,遽爾判為無罪,似亦難昭允協,應請再酌。」黔撫:「抑又思之刪除比附,原具深心,但民情萬變防不勝防,若例無正條不論何種行為不得為罪,則必本案三百八十七條儘數該括毫無遺漏而後可,否則有犯無刑,國家可力存寬大,人民將不免怨咨,持是謂能得情理之平恐不然矣。」湘撫簽注總則分則草案:「不論何種行為,是正當不正當均該其中,質言之,有罪無罪均不論也。此所規定恐不允當,如謂法律所不貶者,雖有罪亦不為罪,則甲因犯律有正條之罪而服刑,乙因犯律無正條之罪而寬免,何足為天下之平?如謂凡應論罪之行為,無不該載於法律之內,是數百科條已能逆臆萬變之人情而無或軼乎其範圍之外,恐非立法家所敢自信也。竊謂定律果能簡以馭繁,比附自屬罕

---

[1] 《遵旨核議新編刑事民事訴訟法摺》,載趙德馨主編:《張之洞全集》第 4 冊,武漢出版社 2008 年版,第 309 頁。

見，然法律中所不可無此條，以規定律令該載不盡之事理，仍宜更定。」僅從這幾處簽注的關鍵詞來看「准情酌理」、「天下之平」、「難昭允協」，其禮教意味一目了然。前文已及，「比附援引」律條作為一種彌補法條不備的技術手段，為儒生官僚所樂於奉行的一點就是，可以禮教情理的名義致某一認定不合理的行為於罰。如今要去除這層意味，亦即等於要切斷禮教影響刑律的一個入口，其不合「情理」與「民情」，易致人「怨」之處自不會少。

不過，細考修訂法律館及沈家本原奏意見，《大清刑律草案》中對比附的意見並沒有通常所認為的「完全刪除」那麼重。它仍規定「各刑酌定上下之限，憑審判官臨時審定」，沈家本的這一意見至少部分來源於他對中國律典史的認知。傳統中國牽涉制度問題，總免不了要上溯經典，但是，這一略顯不徹底的主張又予人以保留比附的口實。後來，蘇撫於此條簽注即主張：「《禮》曰，『聽訟必察小大之比』，《周書》『上下比罪』，可見比附加減之法，三代已有行之，非自秦漢以降始創業。」江南江蘇草案簽注亦謂：「說者謂比附之法肇自漢唐，實則三代已有之，《周書・呂刑》：『上下比罪』，□沈《集注》云，『罪無正條則以上下刑而比附其罪』，可見此法由來已久。」他們試圖以記錄禮治時代之經典文本確立比附之制的合法性。

對此，精研律學的沈家本反駁起來得心應手，他斷言：「斷罪無正條用比附加減之律，定於明而創於隋。國朝律法承用前明，二百數十年來，此法遵行勿替。」這已經隱含對簽注意見動輒將比附之法上溯到三代這點的反駁。「近來東西國刑法皆不用此文，而中國沿襲既久，群以為便，一旦議欲廢之，難者鋒起，而未考古人之議此律者正非一人也。」沈家本嚴格區分經典中的「比」與律典中的「比附」。《尚書・呂刑》：「上下比罪，無僭亂辭。」《傳》：「上下比方其罪，無聽僭亂之辭以自擬。」《疏》：「罪條雖有多數，犯者未必當

條。當取故事並指，上下比方其罪之輕重，上比重罪，下比輕罪，觀其所犯當與誰同。」後世之人即直接解釋「比」作「附」。對此，沈家本認同孔疏意見，不認為此處「比」字有後世律典中的「比附」義。「此句承上句『五刑之屬三千』之下，初不見有罪無正律之意，若以經文有一比字，即謂系比附定罪，似非經旨。」並認同孫奭《律音義》所云：「統凡之謂例。例以統凡，而必以類相比而後成，故亦謂之類例。決事者必以例相比況，相比附，以比而成為故事，故決事之書曰決事比，皆已行之故事也。求之古義，固未有比附他律之說。然則此經仍當釋以古義，豈得以一比字而強以今義附會之。」對錯解經義妄為比附之害，沈家本深惡痛絕：「必至逞其私見而挾仇陷害，酷刑鍛鍊之風作，羅鉗吉網，受害者將無窮已；強為比附，則必至徇於眾議而文致周內質習成，五過之疵，惟官、惟反、惟內、惟貨、惟來，何所不有。法令不一，冤濫滋多，可不慎與！」

其後，沈家本接著彙集《漢書‧刑法志》、《晉書‧刑法志》等相關律學文獻，考訂唐以前法律中「比」制的演變。至唐律，沈家本最為服膺：「諸斷罪而無正條。其應出罪者，則舉重以明輕；其應入罪者，則舉輕以明重。」其中關鍵為「觀《疏議》所言，其重其輕皆於本門中舉之，而非取他律以相比附，故或輕或重仍不越乎本律之範圍」。而唐律以來「自律內增一『他』字，而其弊益不可究詰矣」。據沈家本考證，此字之來源，乃「本於姚思仁也。其於律字上注一『他』字，實非原定此律之意。……蓋即為他律，其事未必相類，其義即不相通，遷就依違，獄多周內，重輕任意，冤濫難伸。此一字之誤，其流弊正有不可勝言者矣。因比，附而罪有出入，治罪之事久已無聞，律文後半同虛設矣。自國初以來，比附之不得其平者，莫如文字之獄」。從沈家本長長的考證中可以看出，他的落腳點在說明對比

附的真實意見：集中於「他」字。[1]

沈家本的真實意見仍是認同依於禮的唐律。他於此條防止司法官員任意比附的擔心僅僅在於任意以「他」律比附輕重。如果沈家本只在舊律文字上將「他」字去掉，就不會引起什麼爭論了，但他偏偏沒有這麼做。為了實現西式的法律形式，他選擇了最超前的方式，直接引入西律條文。[2]既然沈家本等起草人員認為舊律之失僅在一「他」字，則將舊律做一刪改或引入唐律舊文即可，為何全用西律條文？[3]

---

[1] 邱澎生先生已經注意到，沈家本通過對明清兩代「斷罪無正」與唐律的考察，點出二者差別之重點在於「自律內增一『他』字，而其弊不可究詰矣」，沈家本認為，這正是唐與明清「斷罪無正」法條「宗旨遂不同矣」的關鍵。故此，邱文認為，後代學者經常認為的明清律例比附之制既是對唐律「輕重相舉」立法原則的反叛，亦為現代西方刑法理論「罪刑法定原則」相違背的觀點值得商榷。簡言之，沈家本「忽略了傳統中國法的內在邏輯」。以清代刑部律例館撰寫的說帖為例，邱文試圖說明，「整體而論，清代比附重輕對司法造成的影響，恐怕不在於論者所謂的破壞了法律的安定性，而其實主要反映刑部官員在當時條件下希望透過比附重輕來保障法律安定性的歷史事實」。針對這一觀點，本書暫不進行直接性討論，只是指出邱文認定的「自沈家本以來的許多學者，常將明清比附定位為破壞法律安定性或是罪刑法定原則的類推適用」這一基本史實判斷上稍有遺漏。以筆者掌握的史料來看，自清末沈家本等引進新刑律以來，即對此條聚訟紛紜。在這些討論中，多數意見不僅沒有同意沈家本的意見，而且還提出了許多針鋒相對的看法。並且在筆者看來，這些意見透露出一些中國近代法律之變的關鍵信息。這些信息，並不能由以上討論雙方所著重的中國法的「內在邏輯」究竟如何認識這一論題所揭示。參見邱澎生：《重估清代「比附重輕」與刑部「說帖」反映的十九世紀中國法律知識演化》，復旦大學歷史系「近代中國的知識轉型」會議論文，未刊稿。

[2] 僅僅從立法意圖上說，多數簽注意見是理解到此處的，比如，湖廣總督簽注刑律總則草案：「刪除此律而於各刑酌定上下之限，憑審判官臨時審定，並設減輕各條，以補其缺。」

[3] 當然，亦有簽注意見認為自明律開始的比附乃是救唐律之弊，其立意實比唐律高。如河南巡撫簽注：「比附之法，其制最古，唐律出罪舉重，明輕入罪，舉輕明重，誠不能無弊，明律改為引律比附，加減定擬，所以救唐代之秕政，蓋舍律比附而加減，難保不以愛憎為加減，就律比附而加減，即不能以加減為愛憎，以其比附處以律為衡加減，確有證據也。」

這背後透露出的恐怕還有沈家本的另一考慮：「西國司法獨立，無論何人皆不能干涉裁判之事，雖以君主之命，總統之權，但有赦免，而無改正。中國則由州縣而道府，而司，而督撫，而部，層層轄制，不能自由。從前刑部權力頗有獨立之勢，而大理稽察，言官糾劾，每為所牽制，而不免掣肘。」[1]上制君權，下防各級行政人員干預司法。作為刑部履職多年的大員，沈家本對中律之弊的看法自然切中要害。在沈家本看來，在中律中引入分權的原則，正是救濟長久以來困擾中律的良藥。而作為廷議，自然不可能討論沈家本考慮的限制「君主之命」一類的干預司法，只能紛紛聚訟於律例不能賅載及其帶來的奸吏任意斷獄之弊。

對引入西式治理來說，沈家本與主張存留比附律的雙方都認同分權的原則，都認為自己的主張針對了律例長久以來的某些痼疾。在此前提下，分歧只在於大清律例中的比附之制是否與分立原則相矛盾。那麼，何謂「立法權」？今天的我們也許覺得這個問題幼稚，但是當時的封疆大吏卻覺得茲事體大。針對沈家本對「立法權」的解說，兩廣簽注謂：「無此法而定此例者方為立法，若既有他律而比附定擬，則仍屬司法非立法也。」從概念上說，某一行為是否構成立法的關鍵在於斷罪之文有沒有越出律典規定範圍。因此，多個簽注意見從這點立論。蘇撫簽注即直言：「雖曰援引比附而仍不越乎正律之範圍，猶是司法之向例，與立法迥乎不同，豈得指比附為司法而兼立法，與三權分立之義不符，竟可刪除不用？」[2]江南江蘇分則草案簽注云：

---

[1] 沈家本：《裁判訪問錄序》，載鄧經元、駢宇騫點校：《歷代刑法考》，中華書局1985年版，第2235頁。

[2] 據高漢成先生推測，江蘇簽注與兩江簽注很可能是同一文本，即江蘇按察使左孝標實際簽注意見，會同兩江總督端方恭折具奏，高文合稱「兩江簽注」，今從之。筆者所見國家圖書館古籍部藏憲政編查館編《刑律草案簽注》收此簽注落款為兩江總督端1909年2月10日奏。又同書第三冊載有《江南江蘇等處提刑按察使司呈謹將奉發刑律續分則草案簽注》，乃分則簽注意見。具體討論見高漢成：《簽注視野下的大清刑律草案研究》，中國社會科學出版社2007年版，第7頁。

「雖云比附，要不能越乎法律之範圍，仍是司法之性質，固不得議為司法立法混而為一。」湘撫簽注總則分則草案：「至謂引律比附即為司法而兼立法，恐亦不然。□可否准其引律比附，是為立法之權，律有引律比附之範圍而引律比附者乃司法之事，即如審判官因律有臨時審定之文而審定罪名上下不同，亦可謂之司法兼立法耶？」

相對來說，兩廣總督簽注總則清單更為直面沈家本的問題：「如以比附為立法，則於本律酌量輕重者，又與立法何異？今以所犯之事為律例所未載者即不得為罪，則法不足以禁奸罪多可以倖免，刁徒愈禱張為幻，有司之斷獄亦窮，難盡該所言。死生罔由法律，輕重因乎愛憎，固不能保其必無，然有他律比擬，究難出乎範圍之外，況罪有出入即科以故失之條，防閑亦不為不周，倘竟刪除此律而於各刑酌定上下之限，憑審判官臨時審定，不尤有輕重偏畸之弊乎？類似之例不能援以罰人而輕重之權獨可操之問官，誠恐任意出入將較比附為尤甚，此條似宜再酌。」河南巡撫簽注意見則典型地表明此時廷臣對立法與司法問題的認識是何等混亂，「我朝沿用明律，益昭慎重，凡援引比附者擬定罪名仍須請旨遵行，司法者蓋不能侵越立法之範圍」。司法與立法的關係，理解成了官吏與君權的關係。

沈家本關於此條的立法意圖給出的答覆主要針對兩廣簽注：「此二條大意相同。其謂定律能簡以馭繁，比附自屬罕見，洵平允之論。而所言司法、立法，尚未確當。既云無此法而定此例，方為立法，乃無此法而即用此例，是司法者自創為之矣，不且與立法相混乎？立一法自有此法一定之範圍，有此範圍，司法者即不能任意出入，故於本

---

1 針對此條的反駁，蘇撫簽注從刑律草案內部規定的自相矛盾處反駁：「況考諸外國法律，非無比較參照之辦法，即草案內尚有准照某條適用之文，乃獨於第十條著明，凡律例無正條者不論何種行為不得為罪，轉似明導人以作奸趨避之路，此失於太疏者一。」

律酌量輕重，則仍在範圍之內，可以聽司法者操其權衡。若以他律相比附，則軼乎範圍之外，司法者真可任意出入矣。孰得孰失，可不煩言而解。」[1]究竟是什麼導致了官吏的任意性這一弊端，雙方爭執不下，或者這根本就是一個無解的難題。不過，沈家本對於比附的意見則甚明顯，他事實上是試圖以唐律之義配合西方罪刑法定原則反對清律中的比附條文，這一溝通中西的苦心可謂大矣哉！

至民國八年（1919年），《刑法第二次修正案》將第十條改為第一條：行為時之法律無明文科以刑罰者，其行為不為罪。「以本條為刑法之根本主義，不許比附援引，即學者所謂罪刑法定主義。」[2]

## （三）「善良風俗」：禮的現代迴響

以「罪刑法定」原則刪除「比附」，與傳統禮律體系「劃界」的同時，《大清刑律草案》又引入了「公共秩序及善良風俗習慣」的概念。《大清刑律草案》總則第十四條規定：「凡依律例或正當業務之行為，或不背於公共秩序及善良風俗習慣之行為不為罪。」它以現代的語言表述了類似古代「禮」的內涵。

對於此條，《大清刑律草案》所附解釋謂：

> 本條所揭之行為皆系正當，故不為罪。但實際上刑律與其餘律例相衝突之時或刑律與律例上准許之業務上行為相衝突之時，其刑律與習慣上准許之行為相衝突之時，究應先從何者以斷定其罪之有無不無疑義，特設本條以斷其說。……「不背公共秩

---

[1] 沈家本於《明律目箋》中對此條與湘撫簽注同駁。參見鄧經元、駢宇騫點校：《歷代刑法考》，中華書局1985年版，第1783頁。
[2] 黃源盛纂輯：《晚清民國刑法史料輯注》，臺北元照出版有限公司2010年版，第617頁。

序及習慣不以為罪行為」者，如因習慣於一定日期在路間開設商市不得為妨害往來罪之類。「不背善良風俗不以為罪之行為」者，如祭日祝日雖終夜施放爆竹，不得為妨害安眠罪之類是也，其餘以此類推。[1]

可見，這一條立法意圖實與「罪刑法定」密切相關。它規定了律無正文的例外條款，並提出「類推」的原則。[2]某種程度上說，是引入「罪刑法定」原則之後，刑法體系內的某種開放的「裂縫」。有意思的是，這一裂縫是針對具有「禮」意義的「風俗」。

在清朝的刑律爭論中此條未引起紛爭亦不見實質修改，至民國，這一條則引起不少人注意。一九一五年《修正刑法草案》此條所附理由云：「原案風俗下有『習慣』二字，按風俗之廣義原包有習慣在內，贅文今刪。」[3]至一九一八年《刑法第二次修正案》對應條文改為第二十七條，竟精簡為「依法律或正當業務之行為，不罰」。其理由謂：「原案第十四條『依法令或正當業務之行為或不背公共秩序善良風俗習慣之行為不為罪』。本案擬刪去『或不背公共秩序、善良風俗習慣之行為』句，蓋分則所規定無非罰其違背公共秩序、善良風俗

---

[1] 《初次刑律草案》，北京大學圖書館藏油印本，原書無頁碼。按：此案原題即作《初次刑律草案》，考岡田朝太郎稱自己起草的草案底本為《初次刑律草案》，本冊題名應淵源於此。但此冊不是岡田朝太郎原本，因其正文前有沈家本上奏《大清刑律草案》的奏摺。

[2] 陳新宇先生認為：「類推的目的在於入罪，比附的主要功能則在於尋求適當的量刑。」參見陳新宇：《比附與類推之辨——從「比引律條」出發》，《政法論壇》2011年第2期。從此處引文所云規定來說，類推的目的亦可能在於無罪，所以補足陳先生論述的語義，類推的目的似應在於確定是否入罪。從我們這裡的討論來說，就是為刑律劃定「邊界」。

[3] 黃源盛纂輯：《晚清民國刑法史料輯注》，臺北元照出版有限公司2010年版，第523頁。

習慣之行為，此外則屬本案第一條不為罪之行為，似不必有此規定。」[1]可見，《刑法第二次修正案》依據的底本為《暫行新刑律》。到一九一九年《改定刑法第二次修正案》此條又移改為第三十五條，內容同上第二十七條。因此，無論從《大清刑律草案》引入這一條文還是民國之後漸次刪除有關「不背公共秩序、善良風俗習慣」的表述，其立法意圖皆是在「風俗習慣」與「刑法典」之間作出明確的邊界分析。

　　本來傳統中國禮律體系志大無邊，此漸次確定邊界，接下來的問題就是，這一邊界究竟該如何確定？爭議發生在民國。在史料方面，時人對這一問題所論似乎不多，今以筆者所見民國報刊記載的圍繞民初兩次刑法修正案的一次爭論為例可見一斑。甄紹榮不同意《刑法第二次修正案》的意見，而主張「應設規定」，但要「稍加修改」，修改內容亦與第一次修正案不同。「第一次刑法修正案主張刪去『習慣』二字，其謬誤坐以『風俗習慣』連讀，不知此條文致本義乃以『不背公共秩序善良風俗』作為一形容詞以限制『習慣之行為』者也。是故關於此種行為，需要件二：一習慣的，二不背公共秩序善良風俗的，今若刪去『習慣』二字，則其要件缺一矣。蓋凡一行為苟自始即無背乎公共秩序善良風俗，其法律上至許可初無待乎習慣者，此則原案第十條之所包舉而非本條之所謂也。是故苟以『習慣』二字視為贅文，則本條下半截皆成贅文。斯第二次修正案之主張所以蹈其隙而起也。」《刑法第二次修正案》主張不設規定，是「由於誤認無害慣習（即不背公共秩序善良風俗之習慣）只絕對的一種為法律消極的承認為無害者，而不知尚有相對的一種須待法律積極的承認始為無害

---

[1] 黃源盛纂輯：《晚清民國刑法史料輯注》，臺北元照出版有限公司 2010 年版，第 633 頁。

者。換言之，由於誤認法律所規定者均為有害行為（即背公共秩序善良風俗之行為），其無害者法律則舉無規定，而不知有害者中，有雖經法律明文規定而於特別之場合可以排除其有害性而變成無害者」。因此，甄紹榮認為原案第十四條之規定只是大體無病，而文字則有疵。其以「風俗習慣」連文，導致第一次刑法修正案的疑惑，對此，甄紹榮以為「於其間增一『之』字」即可消除這一立法語言的不精確。此條變為「依法令或正當業務之行為或不背公共秩序善良風俗之習慣之行為不為罪」，如此則「不背公共秩序善良風俗」之所以形容「習慣之行為」也甚明。[1]

王德懿則維護《刑法第二次修正案》的意見，主張刪除「風俗習慣」一節，「絕對的有害行為即刑律上有明文規定者，當然為罪，固不問其為習慣非習慣也」。篤定「律無正條不為罪」的原則：「不設規定而以之屬於第一條『律無正條不為罪』之行為以防止『比附援引』之弊，實為至當。況現今歐美日本各國均無如此規定，則其故可深長思矣。」[2] 王德懿意見可以分為兩層，純就法律上說，是以此條中蘊含的「類推」為「比附」，基於罪刑法定原則而刪除；從「風俗」與法律關係來說，則二者無關，所謂「人類之自然行為，本非法律所過問」。

王德懿與甄紹榮等新一代知識分子用西化的語言討論「風俗習慣」與「罪刑法定」原則的關係。「風俗習慣」的所指中，有延續自「禮」的內容，但其中完全沒有了傳統時代「禮教」的規範性意義。甚而，就這一意義上的「公序良俗」，也被王德懿認為有違「罪刑法

---

[1] 甄紹榮：《暫行新刑律第十四條下半截應否規定之問題》，載《法政學報》1918 年第 5 期。

[2] 王德懿：《答甄君暫行新刑律第十四條下半截應否規定之問題》，載《法政學報》1919 年第 8 期。

定」而沒有在刑律中存在的價值。

## （四）小結

西方法律中的「罪刑法定」，立法本意是為法律劃定邊界，保護民權。如本節所論，傳統中國禮律體系的要義之一正是沒有邊界，它對社會的治理具有整全性，「比附援引」的法律技術即是在司法過程中實現這一整全治理理想的重要手段，故而罪刑法定律條在傳統中國治理語境中被引入，「比附」律條必壞。隨之，儒法二家觀念中以「比附」干預司法過程的入口不再。

上古中國古典時代無「成文法」，貴族君子「議事以制」，這是真正的「法官」兼「立法權」與「司法權」的時代。借用人類學的概念來說，帝制中國律令體系中的「比附」律條是這一「議事以制」傳統之「遺留」，後世儒家對這一律條的傾心，可謂其來有自。就此而言，這一律條的刪除具有某種象徵意義。「明刑弼教」的時代，儒學君子通過禮義滲透司法過程並進而關照民情的維度就此消失。經此一節，論者謂「《大清律例》之根本取消已不成為題，新派之勝即基於此」。[1]

## 二　輕與重：箋注視野中的《大清刑律草案》

中國禮治秩序向以輕刑為仁政，其最高社會與政治理想為「無

---

[1] 章宗祥：《新刑律頒佈之經過》，載中國人民政治協商會議全國委員會文史資料委員會編：《文史資料存稿選編（晚清·北洋上）》，中國文史出版社 2002 年版，第 35 頁。

訟」。[1]呂思勉先生稱之曰「雖未易行，要不失為極高之理想也」。[2]在宋儒視野中，這一社會理想的人性論預設為關雎麟趾之民，是故二程兄弟特重所謂孔顏樂處。律典中輕重的參照基點為禮教，其基礎是親親之愛（注意：不是西學意味濃厚的「身分」）、尊尊之等。用傳統話語來說，律典中的輕重乃是針對「凡人」而言。就這點來說，傳統律典的要義在於「輕重協於中」。而中道即為禮治秩序的實現。圍繞移植西法的新刑律草案，廷議亦常以輕重失衡立論，那麼他們何以認為草案輕重失衡，此中意味何在？下文主要根據中外樞臣督撫所上簽注意見及修訂法律館給出的《修正刑律案語》考察這一問題。

## （一）廷議：未協於中

光緒三十三年（1907）修訂法律大臣沈家本等的《奏進呈刑律草案摺》於變通五項之「酌減死罪」條云：「茲擬准唐律及國初並各國通例，酌減死罪。其有因囿於中國之風俗一時難予驟減者，如強盜、搶奪、發冢之類，別輯《暫行章程》以存其舊。」[3]可知，此刑律草案中最重要的考慮已經是「各國通例」，其餘所謂「准唐律及國初」之例，顯為託詞。在這一最高原則之下，「中國之風俗」實際是有待改正以從新律者，只是一時之「囿」，故別輯《暫行章程》，此為新刑律草案中《暫行章程》問題的由來。值得注意的是，新刑律草案對制度同一性的認知並沒有僅僅將關注點集中於制度，而是考慮到了制度背後人的問題，「視人民程度進步，一體改從新律」。但其有關民

---

1 費孝通：《鄉土中國生育制度・無訟》，北京大學出版社1998年版，第54頁。
2 呂思勉：《中國社會史》，上海古籍出版社2007年版，第583頁。
3 上海商務印書館編譯所編纂：《大清新法令》（第1卷），李秀清、孟祥沛、汪世榮點校，商務印書館2010年版，第459頁。

情與制度的思考預設已經完全是西方式的。[1]在這一模式中，草案早已預料到會遭到批駁，甚至批駁者的內容也已預先想好，「顧或有謂罪重法輕適足如亂者」。對此，草案起草者給出的回答是：「刑罰與教育互為消長，格免之判基於道齊」，況「舉行警察為之防範，普設監獄為之教養，此弊可無顧慮也」。[2]

對重大制度與思想動向簽注意見，是清廷的一項成例，新修刑律草案亦不例外。清末圍繞《大清刑律草案》的簽注範圍為中央各部院、地方總督、各省巡撫與各地的將軍、都統等。由於時乃官制改革之後，故部院數量為外務部等十二個，地方總督共九位，各地巡撫共十五個。用吉同鈞的話說就是「內而六部九卿、外而各省督撫」，這一簽注圈子中的外官大致即孔飛力所謂統治中國的「菁英圈」。[3]

光緒三十三年（1907）九月初五日，憲政編查館大臣奕劻等《奏議覆修訂法律辦法摺》，此摺實為制訂新刑律規程之總摺。其所論各新修法典辦法有云：「應修各項法典，先編草案，奏交臣館考核，一面由臣館分咨在京各部堂官，在外各省督撫，酌立限期，訂論參考，

---

1 有簽注亦認同這一思路，比如山西巡撫寶棻，他認為：「竊律設大法，其輕重繁簡均視時代為轉移，現當變法圖強籌備立憲，自不得不取各國大同之規詳加修訂以期變通宜民……大抵刑罰與教育互為消長，各國典成立皆在教育大興之後，人格均已養成，故刑獄多用輕典，中國人民向來懾於法令，一旦禁網疏闊，則犯上作亂公然冒天下之不遜，周知顧忌，顧不得不酌立制防以冀扶翼綱常，禁抑強暴，此後教育普及人民程度日有進步，又須監獄改良巡警完備有以化凶頑而保治安，然後新訂刑律可以一律頒行，此種遲速之序推行有漸，固非一蹴可幾者也。」本節所引史料如無特別說明，即為憲政編查館編：《刑律草案簽注彙編》，國家圖書館古籍部藏油印本，原書無頁碼。

2 上海商務印書館編譯所編纂：《大清新法令》（第1卷），李秀清、孟祥沛、汪世榮點校，商務印書館2010年版，第459頁。

3 孔飛力（Philip Alden Kuhn）：《叫魂——1768年中國妖術大恐慌》，上海三聯書店2012年版，第166頁。孔飛力特別指出，進入這個圈子就「意味著得到皇帝的特別寵信並能與其直接對話」，他以「行省官僚」稱呼這一「無疑是世界上最為排外的圈子」。事實上，也即是他們真正掌握清廷的大政方針。

分別簽注，咨復臣館，匯擇核定，請旨頒行。又所請以各部堂官為會訂法律大臣，各督撫將軍為參訂法律大臣一節。查各國編纂法典，草案成後，大都由議院議決，現在資政院已奉旨設立，俟將來該院辦法完全，各部、各省明通法政人員，均列院中，自無庸分送各部、各省討論，即由臣館逕送資政院集議，取決後，移交臣館，復加核定，請旨頒佈，以期簡捷而昭鄭重。」故修訂法律大臣、法部右侍郎沈家本等於光緒三十三年八月二十八日（1907年10月3日）及光緒三十三年十一月二十六日（1907年12月30日）分別上奏《大清刑律草案》總則、分則之後，憲政編查館即依自己擬定的編纂法典流程「分咨在京各部堂官，在外各省督撫」簽注，唯此等大員簽注有快有慢，有詳有略，持續約兩年時間各簽注才陸續遞交憲政編查館。此為新刑律的第一次草案，其總則十七章，分則三十六章，共三百八十七條。《刑律草案簽注》乃憲政編查館編輯的中央各部院及地方各省督撫上奏的簽注，簽注格式一般為「簽注奏摺」與「簽注清單」兩部分。

多數意見認同律典必然要變，其所述原因多由於中外交涉，如開缺安徽巡撫馮煦簽注意見：「今日立法怵於國際瞀於時局懲於教案，萬不能守我國蠱囿而又殘酷之刑而不趨向於萬邦共可行之法，亦不能重違民俗遠悖國情專為捨己芸人之計，故修改本國之法，則貴乎汰其惡而留其良，採取外國之法尤貴節其長而去其短，必求無偏無倚知變知通，此則立法者所當斟酌盡善而尤臣殷殷祈禱者也。」閩浙總督松壽答注：「惟是今昔情形不同，溯自中外互市以來，外人之僑居中國者實繁有徒，辦理交涉多棘手，自應改弦更張，取法律於大同，籍收治外法權，不宜墨守舊例。」湖南巡撫簽注原奏則一口氣列舉多項中外交涉中的律典問題：「然則今日之中律，蓋未嘗實行也，是即閉關鎖港絕不交通，已處於法久弊生之勢，宜為改弦更張之謀，何況領事

裁判之不能收，教士干涉之不能禁，海牙和平會之不能居於平等。赭衣□途盤敦失色，凡關於國際交涉之失敗，無不緣於中律不同之故，是則修訂法律實為至極切要之圖，固非可以蹈常襲故之見輕為訾讓者也。」凡此種種。值得注意的是山東巡撫袁樹勳所奏，其理由乃是認同西方法律進步主義的歷史觀：「臣聞刑法之沿革，先有報復時代進於竣刑時代，由竣刑時代進於博愛時代，我國數千年來相承之刑律，其為峻刑時代固無可諱，而外人則且持博愛主義馴進於科學主義。其不能忍讓吾國以峻刑相殘也。非惟人事為之，亦天道使然也。」「故為我國今日計，既不能自狃於峻刑主義，則不能不採取博愛主義。」

簽注意見在承認不得不變的情況下強調底線：不得更改禮教。

先來看《大清刑律草案》對有關君親條文的說明。分則第一章即「關於帝室之罪」，章首說明立法意圖：「本章於舊律之大逆、大不敬外，更規定對於宗室之危害罪、不敬罪，不過修正文詞及處分之階級，以冀較舊律為明確，至於大旨，固無增損也。」它小心地說明新舊刑律於帝室方面的規定並無「大旨」上的改變。

新刑律取法「各國立法例」兼以「學理」貫徹各章。由於分則各條以罪名分類，故其對各種犯罪類型的排列次序就可以看出立法者心目中罪刑之輕重：以直接有害國家存立之條件者居於首項（第一章至第八章）；其害社會而間接以害國家次之（第九章至第二十五章）；其害個人而間接害及國家社會者又次之（第二十六章至第三十六章）。其中，新刑律草案中有關君主規定的條文集中於第一章、第二章及第三章，屬於最重要的犯罪項；有關親屬規定的條文則集中於第二十章及第二十六章，屬於次重要的犯罪項。但二者在新刑律草案中皆不具有在舊律中的基礎性地位，它們完全涵蓋於國家社會的話語秩序之中。

罰金與過失問題相聯繫。沈家本等奏陳刑律草案第一編總則的「總說」部分為規定犯罪一般之成立要件及犯罪成立之特種情節。此處與舊律之「名例律」為呼應，此案列舉為舊律所無新律所規定者，第一條即為「故意與過失之區別」，其具體法條規定為第十三條第一項，「凡不出於故意之行為，不為罪。但應以過失論者，不在此限」。依草案所敘沿革唐律「『本應重而犯時不知者，依凡論。本應輕者，聽從本。』明律及現行律同」。考唐律此條，本屬一種特別規定。[1]沈家本的理由：「本條系確立無犯意即非犯罪之原則，非規定例外者，得以過失處罰。凡非由故意，不得謂為其人之行為，即不得為其人犯有罪惡。本條第一項所以有前半之規定者，以此，雖非出於故意，惟因其人不知注意，致社會大受損害。如：死傷、火災、水災等類，不可置之不問，本條後半之規定以此。」[2]其具體表現於草案第八十九條，自述理由謂：「前條乃罪惡中之罪惡，於律例所當嚴懲。然亦有偶近乘輿，天威咫尺，進退失其常度，出於過失者。究與大逆有間，故本條特寬其刑。」從《大清刑律草案》對「故意」與「過失」的立法本意看，似並未注意到對君親適用與否的問題，而各簽注意見對這一條文的不滿集中體現於此。

### （二）「君親無將，將則必誅」

《大清刑律草案》分則首列「關於帝室之罪」，與舊律首列「十

---

[1] 《唐律疏義・名例》「本條別有制與《例》不同之適用」，載錢大群：《唐律疏義新注》，南京師範大學出版社 2007 年版，第 209 頁。

[2] 上海商務印書館編譯所編：《大清新法令》（第 1 卷），李秀清、孟祥沛、汪世榮點校，商務印書館 2010 年版，第 477 頁。

惡」差可相比。[1]簽注清單顯示，對《大清刑律草案》中有關君主條文的意見亦集中於第八十八、八十九、九十一、九十二、九十四、九十五、一百、一百零二、一百零七及一百零八等各條。關注的內容主要涉及新律中對君主有犯的諸多過輕條文，現就有關君親條文的罰金之刑作一說明。罰金之刑的由來滲透著外人對中國酷刑的詬病，其在清末新政中之肇端，在《江楚會奏三摺》中「整頓中法十二條折」的「省刑責」一條，「其笞、杖等罪，應由地方官體察情形，酌量改為羈禁，或數日、或數旬，不得凌虐久系」[2]。又加上措置新政各項措施及修律有關事項導致費用支出增多，故而修訂法律大臣於光緒三十一年（1905）九月十七日奏「擬請變通笞杖辦法改為罰金」[3]，奉旨依議。

《大清刑律草案》第八十八條規定「凡加危害於乘輿車駕及將加者處死刑」，但第八十九條規定凡因過失致危害乘輿車駕者「處二等或三等有期徒刑或三千以下三百以上罰金」。對此，學部簽注認為，

---

[1] 對《大清刑律草案》首先發難的李稷勳，即對此律不將親屬相關條目設於律首而有意見。類似意見還有湘撫簽注清單：「大清律首重十惡之條，其間言及國家者十之四，謀反謀大逆謀叛大不敬是也。言及家族者亦十之四，惡逆不孝不睦內亂是也。其言社會而間接以害國家者僅不道不義二者而已。君親並重，禮法相維，如日月之綴天，萬古不可廢滅。今分則次序指明，言國家言社會言個人而言及家族者並未指明，亦未將惡逆之罪輯為專條，如殺祖父母、父母及期親尊長僅見於二十六章殺傷內，殊非尊重倫常防維禮教之道，此為大經大法所關，數千年教化所維繫，不能以他國所無同例稍事變更，所有關於十惡中惡逆不孝不睦內亂害及家族之罪，似應輯為一章，次於帝室罪後方足以維國俗面民心應請再行釐訂。」

[2] 張之洞：《遵旨籌議變法謹擬整頓中法十二條摺》，載趙德馨主編：《張之洞全集》（第4冊），武漢出版社2008年版，第19頁。按修訂法律大臣的說法，此項請求系發自劉坤一。

[3] 《修訂法律大臣奏輕罪禁用刑訊、笞杖改為罰金請申明新章摺》，載上海商務印書館編譯所編纂：《大清新法令》（第1卷），李秀清、孟祥沛、汪世榮點校，商務印書館2010年版，第293頁。

「加危害於乘輿車駕則雖為過失而罪亦不可宥,僅科以罰金實屬罪重法輕」。第九十四條規定:「凡侵入太廟皇陵宮殿離宮行在所或受命令而不退出者,處二等至四等有期徒刑或三千元以下三百元以上罰金。」學部簽注認為:「侵入太廟皇陵宮殿離宮行在所至受命令而不退出則非心於窺伺始將有所圖謀也,將則必誅,不得僅科以罰金。」由於此時《欽定憲法大綱》已經頒佈,故而簽注意見亦自覺對接大綱的有關規定。湖廣總督簽注刑律總則草案即於草案第八十九條簽注案語首揭此義:「憲法大綱載明君上神聖尊嚴不可侵犯,現行律例於大逆無道亦不論列過失,本條謂因過失致生危害與大逆間,僅擬處以二等或三等有期徒刑,已非尊君彌患之意,若再得以罰金處斷,尤屬輕縱,似應改訂。」甘肅巡撫簽注刑律草案亦謂:「君父為大倫所關,杜漸防微,所以遏亂賊之□□律凡加危害於乘輿車駕及將加者處死刑,與君主立憲國天皇神聖不可侵犯之旨合,惟危害乘輿大逆不道與尋常□□不同,應處特別死刑以為悖逆戒。至如第八十九條所載,凡因過失致生前條所揭危害者,處以二三等有期徒刑及三千元以下三百元以上罰金。夫危害乘輿尚有謀故過失之分,未免曲為開脫,使逆黨有所藉口,原草案以二三等有期徒刑已極輕縱,況以罰金了事,尤為不倫。」

舊律帝室有服親屬亦為尊君內涵之一,故而兩廣總督簽注分則草案針對第九十條加害帝室總麻以上親亦有處罰金之例亦顯不滿:「帝室之親,尤尊於官吏,現行定律謀殺制使及本管長官已殺者斬,已傷者絞,已行者杖一百,流二千里。今本條所謂處死刑、無期徒刑或一等有期徒刑,即如斬絞杖流之等差,然仍宜將已殺已傷已行明示區別,不宜但言危害,致使輕重混淆,若過失亦當列明或死或傷分別定擬,四等徒刑及千元罰金均恐未盡允當。」浙撫馮汝騤謂:「夫尊君親上,禮教之大防,現行律例如危害乘輿車駕者,惟合和御藥及乘輿

服御物有失誤之文，余無過失寬刑之典，誠以君上尊嚴凜乎不可侵犯，今草案增設過失一條，治以二三等有期徒刑及罰金，竊去御物亦僅處以徒刑，是使奸民得以藉詞卸脫，啟其藐玩輕忽之心而犯者眾。中國風俗如干犯倫常敗壞名教既為人心所同惡，即為國法所不容，今草案傷害尊親致成殘廢貸其死罪，將使倫紀綱常翻然廢棄則忤逆之徒罔知敬畏，非所以安上而全下也。」類似質疑亦見多個簽注意見。

針對簽注意見關於第八十九條乘輿有犯罰金問題的質疑，《修正刑律案語》作出答覆。汪榮寶日記載：「到修訂法律館，綬經（引按：指董康）屬分任刑律草案修正事。余擔任分則第一章至第二十章。」[1]可知，《修正刑律案語》此處答覆的主筆者為汪榮寶。

汪榮寶（1878-1933 年），字袞甫，江蘇吳縣人。出身讀書世家，其父汪鳳瀛曾為清末張之洞幕僚、袁世凱總統府顧問。作為家中長子，汪榮寶自幼穎慧，九歲即讀遍「四書五經」。十五歲入縣學，後以優等保送江陰南菁書院。一八九七年舉拔貢生，第二年應朝考，以七品小京官身分進入兵部任職。庚子之後前往日本留學，於早稻田大學學習政法。日俄戰爭時，曾加入革命黨人在東京組織的國民義勇軍。 其後不等結業即返回中國並在兵部任職，兼任京師譯學館歷史教員。

修訂法律館成立後，汪榮寶任第二科總纂，同時任職於憲政編查館編制局。一九一〇年，任資政院議員，後又任協纂憲法大臣，還被指派為《法令全書》總纂。進入民國，汪榮寶與袁世凱過從甚密，任臨時參議院議員。汪榮寶起草過多部憲法及法律草案，一九〇七年與南菁書院同學董康起草《憲法大綱》獲頒佈，後又與李家駒起草《欽

---

[1] 汪榮寶：《汪榮寶日記》，載沈云龍：《近代中國史料叢刊三編》（第 621 冊），臺北文海出版社 1989 年版，第 313 頁。

定憲法草案》,「大抵以日本憲法為依據」,書成進呈攝政王但未及頒佈。他作為清末首屆資政院法典股股長,負責審議新刑律草案。

　　汪榮寶答覆云:「本條酌加修正。原案設罰金之例,學部湖廣兩廣簽注均以為過輕,今節刪。……至直隸甘肅浙江等省簽注謂現行律中大逆無道由於過失者,亦處死刑,查現行大逆律,並無過失之文,殆以事非常有,故律文不及,揆諸過失之義,大抵出於輕忽,未可直與大逆無道同科,現今東西各國皆無此例,法理所在大勢所趨,不可不慎。……然如湖廣簽注,必欲處過失者以死刑,是徒使朝廷得暴虐之名耳,豈良法哉?」[1]

　　相對來說,草案對君主的規定還算謹慎,至於親屬相犯諸條,則大不一樣。比照西方條文甚至到了機械的地步,將祀典對應西方刑法中的宗教一門。其章首「說明」謂:「中律祀典,向隸禮律。祭祀凡丘壇、寺觀,俱賅於內。查各國刑法,宗教特立一門,蓋崇奉神明之意,中外同此一理。」而發掘墳墓罪[2]則「從各國通例,移輯本章之後」。第二十六章「殺傷之罪」中,僅於第三百條立法「理由」欄中表明:「五倫君親並重。故殺直系尊屬,援第八十八條處唯一之死刑。」對於尋常殺傷則並無等差,其於第二百九十九條之後詳述理由:「凡殺人有應科死刑者,有僅科一等有期徒刑已足懲戒者,其間之差等,非法律所能預定。故此條僅稱為殺人者,不復設以上各項區別。而其科以死刑、無期徒刑或一等有期徒刑,均任審判官之秉公輸劾而已。」因為,「殺子孫、奴婢及妻妾。凡臣民者,國家之元質,其生命非父母、尊長、本夫所能奪,此為歐美各國公認之原則。子孫、奴婢、妻妾若無應死之罪,固不待論。即有應死之罪,自有審判

---

[1] 佚名輯:《修正刑律案語》,上海圖書館古籍部藏 1909 年鉛印本,原書無頁碼。
[2] 對於發掘墳墓罪,此處說明僅提及「大率利用棺內財物,自唐以後,俱列賊盜」。似為故意略去發掘尊親墳墓內涵。

官在，非常人所能專擅也」。

對親屬有犯的處罰質疑亦與對君主條文的質疑類似。關於《大清刑律草案》親屬條文的簽注意見集中於第八十二、二百五十一、二百五十二、二百五十三、二百九十九、三百、三百零二及三百一十一等條。亦以罰金問題為例，山東巡撫對第152條發掘尊親屬墳墓行為而有罰金之判，認為：「孝子仁心必掩其親，性善所由葆存也。草案於罰金尊親屬之墓貸其死罪，則悖逆之徒罔知儆畏，並牿亡庶民旦旦之良心，若僅以徒刑處斷，深恐罪重法輕為害滋甚。」第三百一十一條有針對過失致尊親屬傷的罰金條例，山東巡撫認為：「凡因過失致尊親屬於死僅於三等下有期徒刑，殊嫌寬縱，於中國倫理上大有關係，至罰金一項亦恐有窒礙。」湖廣總督簽注刑律總則草案亦提出罰金之例與中國民情不合之處，「至罰金之律，吾國卑幼不能私擅用財，尤屬不便實行」。學部簽注亦認為「因過失致尊親屬於死罰金殊屬不合」[1]。

《修正刑律案語》以嚴格的人權思想對此作出回應：「各部省簽注，郵傳部湖廣兩廣兩江湖南均謂宜刪去罰金一層，然本條系科過失罪以罰金，此法斷不可廢。郵傳部謂不合於財產[2]之原理，不知所指。湖廣又以為吾國卑幼不能私擅用財，此論墨守舊律，若立憲而後，首重人權，雖屬卑幼，亦應享有私權之能力。」[3]

---

[1] 至《大清新刑律》交付資政院法典股審查，法典股對第316條（原案第310條）「凡對於尊親屬加強暴未至傷害」中罰金規定認為，「於中國社會情形大家心裡有所未安」，故「討論數回，議決將本條罰金刪去」。參見李啟成點校：《資政院議場會議速記錄——晚清預備國會論辯實錄》，上海三聯書店2011年版，第594頁。

[2] 應為「權」字。

[3] 佚名輯：《修正刑律案語》，上海圖書館古籍部藏1909年鉛印本，原書無頁碼。

在罰金等有關刑名更改的問題之外，親屬條文中服制因素也成為簽注意見質疑之處。關於這點集中於草案第二十六章親屬相傷罪中。河南巡撫簽注清單針對第三百條殺尊親屬之科罪，謂：「草案定殺傷之罪，並未□□殺傷祖父母父母專條，則此條言尊親屬者，似包祖父母父母及本宗外姻有服尊長尊屬而言，夫子孫之於祖父母父母，天性之親，如犯殺傷，形同梟獍，罪不容誅，是以現行律毆殺以上皆凌遲處死，現在凌遲已改斬決，遇此等案件無不恭請王命先行正法，其餘謀殺本宗期親尊長，謀故殺外姻之外祖父母，其罪亦與祖父母父母相同，謀殺本宗緦麻以上尊長與毆故殺期功以下有服尊長悉處斬決，決凡殺傷有服尊長，均照平人加重，若祖父母父母殺子孫又較平人減輕，所以重倫紀也，今僅言及尊親屬，既無服制遠近及謀故情節之分，又將祖父母父母統言在內，所謂死刑者，以絞為止，並無特別重刑，似與平人無異，殊失親親之義，應請查照現行律例另行妥訂。」兩廣總督對第三百零二條傷害尊親屬身體的簽注謂：「定律子孫毆祖父母父母及妻妾毆夫之祖父母父母者皆斬，殺者皆凌遲處死，弟妹毆同胞兄弟姊，傷者滿徒，折傷者滿流。凡傷及折肢害目者絞，死者斬。侄毆伯叔父母姑及外孫毆外祖父母，各加一等，故殺者皆凌遲處死。毆大功以下尊長分別杖徒，尊屬各加一等。折傷以上各遞加。凡鬥傷，一等篤疾者絞，死者斬。誠以天倫所在服制攸關，定罪固當從嚴，等差亦不能不辨也。今乃混名曰傷害尊親屬而不問其服制何等，是子孫毆父祖與卑幼毆緦麻尊長相同，未免親疏無別，且致死者始有死刑焉。□廢疾僅處徒刑，是以卑犯尊以少凌長，雖重傷父祖，亦得免於駢誅，尤非□□重人倫維風化之意，此條必須更訂。」不一一列舉。

所有這些都指向一個內容，即同一罪刑的等差性，學部一語道破其中關鍵：「新律一統之於人例，何以別親疏差等乎？」有不少簽注

對草案忽視服制提出意見，因為舊律描述親屬間有犯用刑等差的標準即是服制。河南巡撫簽注清單即關注有服親屬間犯罪等差問題：「查現行律例於各項犯罪行為均以服制為區別，例如親屬相盜較凡人為輕，親屬犯奸又較凡人為重。故親屬相盜本律，得財物者期親減凡人五等，以此遞推，若繫起意盜財，畏罪中止，則以已行得財減凡五等相衡，自應免除其刑，又如調戲緦麻以上親，其夫與父母親屬及本婦羞憤自盡者俱擬斬監候，凡人輕一等，擬絞監候。照依本條規定，□起意圖奸緦麻以上親之犯，於著手未實行之際，但經調戲忍固已意中止，其夫等羞忿自盡，則犯罪者猶是中止也，亦能獎勵其自止之意，為無罪乎？抑因其中止遂得照凡人減二等或三等之刑乎？此尚須斟酌行之者也。」學部簽注針對第八十二條不用服制規定親屬內容，謂：「名教必先正名，中國立綱之教，以夫統婦，故內父族而外母族，非本宗之親皆加『外』字以別之。此條統稱『尊親族』、『親族』，未有區別，仍應依現行服制律分別稱『本宗』及『外姻』，不宜混為一稱。又現行服制嫡孫承重之制，嫡母繼母持服之差，各端皆與禮教關係甚重，均應聲明，不宜刪去。」至於解決之法，則「現行律名例前有五服圖，實法律之根本，必當保存不應刪去」。

江西巡撫簽注清單亦針對第八十二條規定，謂：「『尊親族』為祖父母父母及外祖父母，以祖父母父母而泛稱為『族』，則悖於理，以外祖父母而混稱為『族』，則誣其『宗』。且分則第三百條第三百二條第三百十一條皆稱尊親屬，無稱『尊親族』者，此條『族』字當系字之訛。又舊律於服制內有犯者，分別本宗外姻，今以本宗外姻統稱為『尊親族』、『親族』，亦嫌含混。」山西巡撫簽注清單針對第三百零二條，謂：「條文云凡傷害尊親屬之身體者從左列分別處斷，是死傷有別刑罪有別而親屬無別也。中國以禮垂教，而禮莫大於辨親疏，故毆傷之罪，服制親者罪重服制疏者罪輕，是以親辨別等差也，

草案此條但云尊親屬,不若仍照五服圖式明定差,以示區別較為明晰。」兩廣總督簽注總則清單針對第八十二條的規定,用語委婉:「晉律服制各條及諸圖最為詳晰,本條似尚簡略。」江南江蘇等處提刑按察使司呈謹將奉發刑律繼分則草案簽注亦是,「本條所列各等,均仍舊律,服圖應遵行」。黔撫簽注總則清單:「禮教尤宜保守也,大經大法軌物咸昭,毋枉毋縱,勸懲尤賴。中國舊律服制分明,視分之親疏定罪之輕重,奸以服而議加重,以親而從減,所以別嫌疑明等差,用意至為深遠。今閱草案,服制案件雖亦微有區別,究多涉於混同。竊恐大義不明,忠孝之心將懈。宗家無別,僭冒之禍易生,經數千年聖君賢相創製維持,一旦毀棄之(引按:此處原稿不清楚),亦良足惜矣。至若正婚姻之禮,立男女之防,欲求風俗之端,宜重姦淫之罰,一涉輕縱,綱紀蕩然,將望文明先喪廉恥,本末舛逆,非所敢明。」

對於服圖問題,據參與定律的吉同鈞稱,《大清刑律草案》經六部九卿各省督撫群起反駁,特別是在大學堂監督劉廷琛發表意見之後,才「舉舊日服圖列諸篇首,以為掩飾」,但「其實內容與服圖全不吻合也」。[1]無論服圖是否經過刪除,就律文來說,事實上確如吉同鈞所說,僅僅是一種形式了,因為《大清刑律草案》及此後的《修正刑律草案》並未「准五服以制罪」。

修訂法律館訴諸西方近代法律原則的平等之義,就非依服制等差定罪給出解釋。《修正刑律案語》於服制相關條文下加具案語云:「各部省簽注學部及兩廣兩江浙江江西山東湖南貴州河南均以本條規定未免過於簡括,應細別情節豫定輕重,不知修訂刑律宜以簡括為

---

[1] 吉同鈞:《論新刑律之顛末流弊並始終維持舊律之意》,載《樂素堂文集》(第7卷),國家圖書館藏1932年鉛印本,第5頁。

主,細別情節轉滋流弊,此理詳分則答問總敘第五,茲復引據學理,以明原案不宜改定之理如下:學部謂殺人之罪,輕重因其所犯之為何人而定,山東謂刑之所加,必衡本罪之主體,江西謂應分別親疏差等。兩廣湖南謂應分別尊卑長幼良賤,用意大略相同,不知犯人之身分只可為分別罪情之一端,固不能以此一端抹殺一切犯罪情節。何以言之?身分之外犯罪之遠因與夫犯罪時所用之手段,均分別犯罪所宜審查之事,烏得因身分一端而置各種情節於不問?況尊卑長幼良賤在倫理上固有等差,然臣民齊等,生命均貴,實為憲政所不可少之義,此原案之不宜改訂者一。山東謂刑者俐也,俐者成也,一成而不可變,今殺人者之刑,由審判官自定,隨案出入,斷難平允,此論實誤解立法司法行刑,彼此權限不相侵軼之意。」

對湖南兩廣均以為「壇庵、寺觀、墓所、禮拜所科罪宜有區別」的質疑,《修正刑律案語》直言此條所設「係為保護宗教之信仰而設」,「立憲國政體,民人信教應聽其便,苟其宗教為法律所不禁,即當與以同等之保護」。因為,「祀典為崇奉神明之禮,墳墓為安藏體魄之區,事實因有不同而屬於宗教之信仰初無二致」[1]。

---

[1] 《修正刑律案語》,上海圖書館藏1909年鉛印本,第69頁。在資政院議決修正案第257條時,引起何謂「壇廟寺觀」、要不要增入「載在祀典」四字的討論,憲政編查館特派員許同莘說明:「此條立法之意有兩大原則」,其一為「人民憲法上信教自由之原則」,信教自由,憲法上原有限制,必在法律範圍內方許自由,並非無論何教皆許信仰」;其二「為中國數千年來尊祖敬宗之原則,此乃中國禮教之本原,子孫對於其祖父母應敬重,則對於他人之祖父母亦應敬重,若謂他人祖宗墳墓可以公然不敬,實與中國禮教不合。國民所敬重者,國家即應予以保護,此本條之意也」。發言一畢,則「五十二號、特派員、一百四十八號、六十八號、七十三號、八十一號同時發言,聲浪大作」。議長只好遵眾議提議「再付審查,即行表決」。參見李啟成點校:《資政院議場會議速記錄——晚清預備國會論辯實錄》,上海三聯書店2011年版,第649頁。

《大清刑律草案》另一引人注目之處乃是關於傷害外國元首與代表的規定，亦以令人驚異的方式牽涉中國律典中的君親問題，大意為對外國君主皇族及大統領加害仿中國君主例，而對外國代表有犯則同於對祖父有犯。其具體條文為分則第三章「關於國交之罪」。草案自述理由云：「君主、皇族、皇陵、大統領互相同等，乃現今國際上之通例，故定此二例，揆之法理，亦一貫之義也。」對有害外國代表罪的立法理由云：「慎重國交，則代表一國之使臣不得不重。其對於此而有犯殺傷及其餘之罪者，應較對於常人加一等。故本條特設獨立之規定，其照第三百條及第三百零二條之例處斷者，蓋用同等之處分，非謂其罪質之相同也。照例處斷者，即准用其處分之意，與所云以論者不同。」[1]

對此，諸多簽注以為不妥。廣西巡撫簽注謂：「君臣之義，天秩之經，元首威嚴，尊無二上，無論主觀客體，不容有所比隆，查第八十八條加危害於乘輿車駕及將加者處死刑，此唯一之死刑，本案惟謀殺尊親屬有與此特例，非以杜將加之萌，蓋以稟綱常之義也。五洲交通，國交固重，春秋之義，內國尊王，今以危害外國君主罪以危害乘輿之罪，雖罪質不同而處分均等，於國民之心理深有未安，且施行原則乃杜國際之發生重害，較之明倫飭紀必有殊。夫人臣無將之義，施諸他國之君，凡在受治不能無惑。謀反大逆別輯專例，倘於外國君主不僅危害竟至戕殊，宣告死刑，從何加重？」針對第一百零九條殺傷外國代表之罪，廣西簽注謂：「本案唯一之死刑，惟危害乘輿謀殺尊親屬二條恩義之重，特異尋常，若於外國君主等於乘輿，外國代表等於祖父，是唯一之死刑頓增其二，雖云罪質有別，與以論者不同，然

---

[1] 上海商務印書館編譯所輯：《大清新法令》（第1卷），李秀清、孟祥沛、汪世榮點校，商務印書館2011年版，第531頁。

望文生義，不獨見笑外人，於國民視聽深有所損，如馬關之約，中國代表李鴻章被日人銃傷，其國僅科以短期之禁，錮知其非國民政府之同意，我國亦無責言，此前事之可見者也。」針對分則草案第一百零七─一百零八條規定，兩廣總督簽注謂：「春秋之義，首重尊王，列國交通，當分賓主，中國以綱常為重，君臣之義最美，似未便以國際外交強為比附，今以外國君主大統領同於乘輿，外國皇族同於帝□□□害不敬科罪，維均非特中國臣民心裡有時未安，即稽諸列代典章，似亦無此律法。況且第八十八條至九十一條又九十二三兩條，並無□□外國臣民對於中國之例，今特立中國臣民對於外國之律，一若我國臣民獨具排外性質，尤非造律之初心，夫尊君所以勸忠，敬上所以正亂，似未可內外無別，視為同等，此律務當酌改或竟刪除為宜。」而對第一百零九條傷外國代表罪則謂：「第三百條及三百零二條乃殺傷尊親屬之例，今以外國代表等於父祖，若有殺傷即照此律處斷，非獨駭國民之視聽，抑恐貽笑於外人，縱非謂其罪質相同，與以某律論者有別，而察其文義實無殊，料恐不足以壓人心而昭法守。」

需要說明的是，簽注意見僅僅是參考性的，其採用度並不高。據高漢成先生統計，《修正刑律案語》提及的意見僅有四百七十一人次，其中被採納的不到五分之一，而對草案總則的修改更是只有區區六處。[1]

## （三）暫時止爭：從《附則》到《暫行章程》

無論如何，有關君親條文的加重是絕大多數簽注的意見。而希望正文內容大幅度改變顯然是不現實的，其實解決辦法早已經提出，即

---

[1] 高漢成：《簽注視野下的大清刑律草案研究》，中國社會科學出版社 2007 年版，第 186 頁。

別輯條例。學部簽注意見謂：「危害乘輿大逆之犯應別輯專例酌量加重，以昭尊親大義。」「別輯專例」是多數意見接受的結果。故而，根據此次簽注意見而出的《修正刑律草案》最重要的內容即《附則》五條：

> 第一條：本律因犯罪之情節輕重不同，故每條仿照各國兼舉數刑以求適合之審判。但實行之前仍酌照舊律略分詳細等差，另輯判決例以資援引而免歧誤。
> 第二條：中國宗教尊孔，向以綱常禮教為重，況奉上諭再三告誡，自應恪為遵守。如大清律中十惡、親屬容隱、干名犯義、存留養親以及親屬相姦、相盜、相毆並發冢、犯奸各條均有關於倫紀禮教，未便蔑棄。如中國人有犯以上各罪，應仍照舊律辦法，另輯單行法以昭懲創。
> 第三條：應處死刑，如系危害乘輿、內亂、外患及對尊親屬有犯者，仍照臣館第一次原奏，代以斬刑，俾昭炯戒。
> 第四條：強盜之罪，於警察及監獄未普設以前，仍照臣館第一次原奏，另輯單行法，酌量從重辦理。
> 第五條：中國人，卑幼對於尊親屬不得援用正當防衛之例。[1]

這一《附則》系由修訂法律館根據簽注意見修改之後，交法部審核，由法部尚書廷傑所加。江庸回憶：「奉旨後，法部迄未過問。館員將草稿重加修改，屬稿後送部。尚書廷傑本墨守舊律者，乃附加五條於後，會銜具奏。」[2]

---

1 佚名輯：《修正刑律案語》，上海圖書館古籍部藏1909年鉛印本，原書無頁碼。
2 江庸：《五十年來中國之法制》，載上海申報館編：《最近之五十年》，申報館1923年2月特刊，第1-26頁。

《修正刑律草案》由修訂法律館會同法部修正完畢上呈後，宣統元年（1909）十二月二十三日上諭仍著憲政編查館核覆，具體核覆機關為編制局。編制局首先對修正案大旨持肯定態度：「職等詳加校閱，大致備引京外各衙門簽注，逐條辯答。凡關於倫紀名教，均較原定草案加重一等。維持於新陳遞嬗之交，用意深遠。」但接著話鋒一轉，表達「征諸輿論，於本案之實行，仍不能無疑議者」有數點內容，其大端為禮教與人權問題。

　　對於禮教，編制局意見同於沈家本奏中所謂的對教育的重視：「犯奸之行為全恃平居之教育，固非刑罰可獲效也。」事實上，這已經立下了刑罰與禮教無關的基礎。故而其對「議者謂禮教為民之秉彝，吾國數千年一國之大本，非各國所能企及」的論調，除開名義的認同「禮教乃天生斯民不可須臾離之物，小之為飲食教誨，大之為朝廷製作，是六合之廣幽獨之微，無不賴禮教彌淪貫注於其間，非一國所得而私」之外，仍是對禮教入律的反駁：「如欲執刑罰之轡策，迫禮教之進行，試問自居何等？豈我夙秉禮教者所宜出此也。」故此，憲政編查館編制局認為禮教與刑律無關的意見與沈家本的高度一致。再就是人權，如前所論，憲政編查館歷來將人權作為法律改革的核心，此處亦不例外：「歷觀各國進化之理，均由家族主義而至於國家主義，國家主義者即保護人權是也。誠以人生於世，與國家有直接之關係，故亦稱曰國民對於國家有應盡之義務，國家對於國民有應予之權利。」甚至倡言「人權之說，並非始自泰西」，只是「後之人罔知誦言，遂令古義湮諱耳」。

　　因此，編制局審核意見非常認同這一案對禮教內容的諸多刪除：「今草案除對於尊親有犯特別規定外，凡舊律故殺子孫、干名犯義、違反教令及親屬相毆等條，概從刪節，其隱寓保護人權之意，維持家族主義而使漸進於國家主義者，用心良苦。」並對異議者進行反駁：

「夫保護人權乃立憲之始基，議者不察，痛事詆諆，其反對刑律乎？抑籍反對刑律以反對立憲乎？」在清末立憲詔書下達之後，話說至此，實際是表明這一問題無可再商。編制局的意見與楊度在資政院說明新刑律立法主旨的演講意見高度一致。這是後話，於此可以明確的是，整個新刑律的修改已經被視為體制轉向西化的當然組成部分。這一進程被憲政編查館牢牢把握。

針對加重禮教原則的《附則》，編制局給出了實質性的「異議」。「原案附則第一條，因刑之範圍較寬，擬另輯判決例以資援引，尚屬可行，應由本館另行擬稿呈請具奏頒行。至單行法制辦法，似非統一法制之意，如屆新刑律實行之時，教育及警察等項尚未周備，臨時酌量情形，另輯暫行章程以資補助本無不可，現在無須逆臆預定。所有第二條聲明另輯單行法之處，應毋庸置議，是否有當，伏侯鈞裁。」[1]此即憲政編查館核覆修正刑律草案之後，反將《附則》改為《暫行章程》之由來。[2]

汪榮寶日記記載，從宣統二年（1910）八月初九日到十二日，汪榮寶與許同莘全力審核新刑律案，至十六日才「呈樞堂閱定」。[3]照

---

1　《編制局校訂新刑律意見書》，載《國風報》1910 年第 32 期。
2　據吉同鈞自言，在新舊爭論之際：「即派鄙人總司修改之事，鄙人調和其間，以為逐條改正，不惟勢有不能，亦且時有不給，因另擬章程五條，附於律後，籍為抵制彌縫之計，從此定局奏准，定於宣統六年頒行。」由此可知，《暫行章程》可能由吉氏執筆。參見吉同鈞：《論新刑律之顛末流弊並始終維持舊律之意》，載《樂素堂文集》（第 7 卷），國家圖書館藏 1932 年鉛印本，第 6 頁。李欣榮先生認為吉同鈞執筆的為《附則》，應為不確，因為吉同鈞本段文字之前，明確說到了簽注意見與勞乃宣的群起反駁，可知他的「另擬章程」當應在勞乃宣意見之後，故而吉同鈞應是《暫行章程》而非《附則》的代起草者。而且，加入《暫行章程》的憲政編查館三案乃是汪榮寶主筆，此後又任資政院法典股股長的汪榮寶力主刪除《暫行章程》，可知此《暫行章程》恐非汪榮寶所草。綜合來看，吉同鈞主筆代表舊律精神的《暫行章程》的可能性很大。
3　汪榮寶：《汪榮寶日記》，載沈云龍主編：《近代中國史料叢刊三編》，臺北文海出版社 1992 年版，第 623 頁。

岡田朝太郎的分解，此次憲政編查館修改稿為「第三案」，此案對君親條文均有一定程度的修改。

在君主條文方面，修正案減輕了危害外國君主和大統領的處罰，不再將之等同於中國的君主。「若外國之君主或大統領於國際上言，本國君主應列於同等之地位，而在臣民觀念之中，實宜嚴守天無二日、民無二王、以永固其愛戴之忱。」所以，「原案第一百零七條、第一百零八條與第八十八條、第八十九條並無區別，揆諸名義，似屬未宜」。修改方法為：「擬闓第一百一十一條之不敬行為改為暴行、脅迫及侮辱為二例，暴行、脅迫處二等至四等有期徒刑，侮辱處三等至五等之有期徒刑。若有殺傷重情，不妨以國交之故，科以各本條最重之刑。」同時，刪除了對不敬外國太廟、皇陵條文，亦刪除了修正案之第一百零九條加危害於外國皇族、第一百一十條過失致生危害外國皇族、第一百一十二條對外國皇族不敬處罰的規定。

在親屬條文方面，修正案明確將服圖置於律首，並增加了對尊親屬犯威逼、觸忤、誣告的專文：「本條所揭情節均重，未便處常人同一之刑，是以析出加重其刑一等，以肅倫常而杜干犯」，以與「舊律干名犯義之意相符」。當然，其「尊親屬」內涵與舊律所定「子孫告尊長」的尊長之範圍非常不同，因此它不可能與舊律相符。對於《大清刑律草案》關於對「尊親屬」犯罪的規定，修正二案亦加重相關條文，憲政編查館的三案則又加改訂：「原案於卑幼對尊親屬有犯，如殺傷、暴行、遺棄、逮捕、監禁及殘毀屍體等項均有專條，而犯威逼、觸忤、誣告者並無治罪明文，蓋原案加暴行未至傷害一語已包括威逼、觸忤在內，而誣告之罪則就本條最重之刑處斷。惟暴行指直接於身體者而言，若威逼則應以脅迫論，觸忤則與侮辱相近，均非暴行二字所能該括。」[1]原擬危害使臣之罪等同對尊親屬有犯，此案改同

---

[1] 《奕劻等為核訂新刑律告竣敬謹分別繕具清單請旨交議摺》，載《欽定大清刑律》，國家圖書館藏1911年版，第1頁。

於普通殺傷：「使臣乃一國之代表，理宜重視。然第一百十條、第一百十四條處分之法幾與殺傷尊親屬同，未免比擬不倫。茲擬將前二條刪除，有犯仍以普通殺傷論。」[1]僅就尊親修改的實質內容來說，力度其實很小，而且在尊親屬的概念這一關鍵點上也明確非以服制相約束。

宣統二年（1910）十月初四日憲政編查館大臣、和碩慶親王奕劻等上奏請求「敕下資政院歸入議案，於議決後奏請欽定，遵照籌備清單年限頒佈施行」。核定後的刑律草案總、分則及章節的總體框架均無變化，但條文數由修正案的四百零九條減為四百零五條。

## （四）小結

圍繞刑律中何謂輕與重，廷議展開爭論。傳統中國律學亦主張輕刑，但無論哪一種意義上的輕刑，其背後的邏輯皆為重禮。至《大清刑律草案》，則輕刑的邏輯到了犯尊親而不加重，則是輕刑而不弼教，如此輕刑沒有了傳統語境下的意義。

從思想史的視野看，造成中國禮律體系「斷裂」的原因在於「立憲」，或者更為準確地說，是清末修律官方理解的「立憲」。修訂法律館會同法部據簽注意見修改《大清刑律草案》形成《修正刑律草案》，具奏云：「籌備立憲之下，舊律中的階級差別、比附之制等，與立憲政體牴牾。」[2]東三省總督就《大清刑律草案》提交的奏疏云：「詳繹總則草案之宗旨，大抵以生命為重、以平均為義，以宥過為本旨，故過失皆得減刑，以人格為最尊，故良賤無所區別。約舉數

---

[1] 以上均見《大清新刑律》〈修改各條清單〉，憲政編查館 1910 年刻本，關於此事件更為詳細的論述，可參李欣榮：《清季的刑律修訂及其思想論爭》，北京大學博士論文，2009 年，第 189-197 頁。

[2] 沈家本纂修：《欽定大清刑律》卷前奏疏，北京大學圖書館藏 1911 年刻本，第 17 頁。

端，皆於立憲政體相吻合……此立憲之先聲，寰球之公理也。」[1]這是彼時之大勢。[2]

廷議之外的意見亦是如此：「新律仿自世界各文明國之法例，就形式論似乎東施效顰，全非故我，然其中所據之原理原則多源於近世科學應用之法理而非出於各國遺傳之事物。公例之發明推之人類社會而皆準。」[3]「改良刑律決不能與世界之大勢相反。」[4]

---

[1] 《論改定法律》，載國家圖書館分館編選：《（清末）時事采新匯選》第12冊，北京圖書館出版社2003年版，第6479頁。除此之外，從現實的考慮提出更為乖張主張的亦多有，甚至連修改刑律這一活動本身的獨立意義都被抹去。如山東巡撫袁樹勳認為「是皆枝葉之論也，別有所謂根本之說者。其旨安在？曰不改從新律，不能收回治外法權」。針對這類論調之害，舊學中人胡思敬謂：「內外相煽以浮言，遂恃為改律鐵證。」參見胡思敬：《國聞備乘》，中華書局2007年版，第122頁。這些「趨時」的督撫，心中無所謂改制與否，唯配合國家一時的政策方針立言。此所謂變法，結果只能是亂制。

[2] 其中的歷史情形，據傾向舊律的魏元曠云，「憲政編查館立，其黨楊度入柄其事。李家駒汪榮寶林炳章曹汝霖群小依附其間，卿部督撫承命維謹輕減刑律，寬謀反之誅，逆謀滋彰，輒以憲政為解」。這樣看來，前述編制局的意見與後來楊度的說明演講一致就不足為奇了。參見〔清〕魏元曠：《堅冰志》，載《潛園二十四種》，國家圖書館古籍部藏清刻本。與魏元曠立場類似的所謂舊派胡思敬亦以主持憲政編查館諸人為「奸邪」，且特別點出其思想的親日背景，「張敵勢以欺嚇人主，自戰國以來多用其術，然未有如今日之甚者。策士好談形勢，皆云莫強於德，莫富於美，莫狡於日本。我國媚外營私，亦卒不出此三黨。美黨多廣東人，唐紹儀為之首……日黨以那桐為首，李家駒、曹汝霖、楊度、汪榮寶及外務部、憲政編查館諸人多附之。正金銀行供其賄賂，汝霖用至百萬。德黨以蔭昌為首，陸軍部附者甚多，故新軍悉用德操……要之，內政不修而恃外援以自懈，古未有不亡者。狡兔營窟，藉此為寄托邊眭之所，奸人自為計則得之矣，安論國際哉！」參見胡思敬：《國聞備乘》，中華書局2007年版，第126頁。

[3] 崔云松：《新刑律爭論之感言》，《國風報》1910年第30期，第41頁。

[4] 佚名輯：《修正刑律案語》「內亂條」案語，上海圖書館古籍部藏1909年鉛印本，原書無頁碼。

舊制本積弊叢生。事後來看，近代大變局本是重新尋求中國禮法傳統自身內在理性的絕好契機——前論薛允升的努力即路徑之一，然而終被拋棄。在這一情況下，朝野上下對「立憲」政治的期待加上知識界對「世界大勢」的呼籲，就極容易產生盡用西法的結局了。

親身參與清末刑律修訂工作的董康回憶起昔日工作時曾坦言，其時自己痛恨於舊律「積弊」，因此「抱除舊布新主義」，所擬草案「俱採各國最新之制。凡奏摺公牘及簽注辯論，其中關於改革諸點，陽為徵引載籍，其實隱寓破壞宗旨」。[1] 董康這一心跡的坦露，正與本章對沈家本彼時之所思所想的考辨結論若合符節。在此氛圍之下，閩浙總督松壽簽注所謂「中外禮教不同，未可削足適履，若一味減輕刑罰，恐未收治外之權，先失內治之本」的呼聲恐怕只能是蒼白無力的。

---

1 董康：《民國十三年司法之回顧》，載何勤華、魏瓊編：《董康法學文集》，中國政法大學出版社 2005 年版，第 714 頁。

# 第四章
# 禮憲之爭：
# 尊親條文的依次退去

傳統中國刑以弼教，禮教首重君親，刑律中即以君親條文為特別規定；在實體法律中，西式因素一步步侵蝕禮教，其中最根本的要素為憲政。我們不認同現有研究以「禮法之爭」認知這一思想史爭論，特提出以「禮憲之爭」代替。因為，一則「禮法之爭」這一說法字面上無法與傳統中國禮法之爭相區分，更重要的是，晚清以來圍繞新修刑律而來的種種議論，事實上是超出刑法典之上的高階原則之爭，近代以來所謂「禮法之爭」中的「法理」並非律文的高階原則，實無法與「禮教」構成同一層次的對立。正如前文所示，歷史地看，清末新刑律的制定是納入「立憲」的框架中的，故而無論從邏輯角度還是歷史事實來說，認識這一思想史事件的更準確說法應是「禮憲之爭」。

## 一　「舊律之義新律之體」：勞乃宣的意見

清末新政修新刑律的過程引發一系列有關禮教問題的質疑，這些質疑大致可以分成兩階段：第一階段為修訂法律館完成《大清刑律草案》，並由清廷中央公布於內外衙門簽注意見，此階段參與爭論的核心人物為張之洞；第二階段為修訂法律館會同法部完成《修正刑律草案》，再交憲政編查館核覆直至資政院議決，此階段參與爭論的核心

人物為勞乃宣。[1]對於後一階段，曾參與清末修律活動的江庸回憶：「當刑法草案告成提交資政院議決之頃，朝野之守舊者將法制與禮教觀念混而為一，多不慊於新法，群起而譏議之。其反對最力者，乃勞乃宣氏。」本節即以勞乃宣的相關意見為中心，考察這一「吾國朝野研究法制最有興味之時代」。[2]

## （一）服制入律：此最為外人著眼處

勞乃宣（1843-1921），字季瑄，號玉初，別署矩齋，晚號韌叟，原籍浙江桐鄉，生於直隸廣平（今河北永年）。同治十年（1871）進士，歷任臨榆、南皮、完縣、吳橋等地知縣，對義和團運動敵意甚濃，並在團民入京之際，以「知大亂將作」自請南歸。[3]光緒二十七年（1901）任浙江求是大學堂總理，次年改浙江大學堂總理，期間江督端方、周馥等皆禮重之。光緒三十四年（1908）奉召進京升四品京堂，充憲政編查館參議、政務處提調，欽選資政院碩學通儒議員，後授江寧提學使。宣統三年（1911），任京師大學堂總監督，兼署學部副大臣及代理大臣。作為清朝遺老，曾與康有為等擁護張勳復辟，張勳以「法部尚書」屬勞，但勞乃宣堅不出仕。民國十年（1921）七月二十一日，病逝於青島。

---

1 張之洞只在新刑律草案前期爭論中引領禮教風潮，原因是其後來遽然辭世。張之洞與勞乃宣二人觀點類似，亦聯繫緊密。在張之洞主持起草的重要的《江楚會奏變法三摺》中，擬定的協助四人中即有勞乃宣。張之洞後又多次致電勞乃宣，即使不能「兼旬暫駐」，亦請將變法高見「詳切電示」，可見張之洞對勞乃宣學術思想的高度認同。參見中國社會科學院近代史研究所藏張之洞檔案。轉引自李細珠：《張之洞與〈江楚會奏變法三折〉》，《歷史研究》2002年第2期。

2 江庸：《五十年來中國之法制》，載上海申報館編：《最近之五十年》，申報館1923年2月特刊，第1-26頁。

3 趙爾巽等：《清史稿》，中華書局2003年版，第12825頁。

勞乃宣為憲政編查館參議時，據勞乃宣自言，他於館中讀到新刑律，覺草案「於主張國民主義之中寓有維持家族主義之意，尚非專主破壞者。惟四百餘條中有數條於父子之倫、長幼之序、男女之別頗有所妨，未能允當於人心，乃於館中具說帖修正」，[1]此即《修正刑律草案說帖》，其核心內容為「舊律有關倫紀禮教各條」。勞乃宣的攻擊點是作為第一階段調和之用的《附則》五條。勞乃宣以上諭修律不可更改義關倫常諸條，修正刑律自應遵此宗旨辦理，然而「今查法律大臣會同法部奏進《修正刑律草案》，於義關倫常諸條並未按照舊律修入正文，但於附則第二條聲稱『中國宗教遵孔，向以綱常禮教為重，況奉上諭再三告誡，自應恪為遵守，如大清律中十惡、親屬容隱、干名犯義、存留養親以及親屬相姦相盜相毆並發冢犯奸各條，均有關於倫紀禮教，未便蔑棄，如中國人有犯以上各罪，仍照舊律辦法另輯單行法以昭懲創』」。

對「附則第二條」的做法，勞乃宣針鋒相對：「子孫違反教令之條均有關於倫紀禮教，為中國人所不可蔑棄者，應修入刑律正文之內。」《附則》中所謂「中國人另輯單行法」的說法讓勞乃宣惱火：「竊維修訂新刑律本為籌備立憲統一法權之計，凡中國人及在中國居住之外國人皆應服從同一法律，是以此法律本當以治中國人為主，特外國人亦在其內，不能異視耳，非專為外國人設也。今乃按照舊律另輯中國人單行法，是視此新刑律專為外國人設矣，本末倒置莫此為甚！」[2]他認為，只有「將舊律中義關倫常諸條逐一修入新刑律正文

---

[1] 勞乃宣輯：《新刑律修正案匯錄》，載沈云龍主編：《近代中國史料叢刊正編》，臺北文海出版社1966年版，第874頁。

[2] 在這場爭論中，德人赫善心作文《德儒赫氏中國新刑律論》，論中國新修刑律亦謂「余見今日中國自置其本國古先哲王之良法美意於弗顧而專求之於外國，竊為惜之」。參見勞乃宣輯：《新刑律修正案匯錄》，載沈云龍主編：《近代中國史料叢刊正編》，臺北文海出版社1966年版，第968頁。

之內方為不悖上諭修改宗旨」[1]。

具體說來，勞乃宣認為的「舊律有關倫紀禮教各條」為十惡、親屬相為容隱、干名犯義、犯罪存留養親、親屬相姦、親屬相盜、親屬相毆、發冢、犯奸、子孫違犯教令等內容。其中以「親屬相毆」條最複雜且具代表性，下文即主要圍繞這一條來看勞乃宣的意見。《修正刑律草案》分則第二十六章「關於殺傷之罪」的規定：

> 第三百一十條凡殺人者，處死刑、無期徒刑或一等有期徒刑。
> 第三百十一條凡殺尊親屬者，處死刑。
> 第三百十二條凡傷害人之身體者，從下列分別處斷：
> 　一、因而致死或篤疾者，無期徒刑或二等以上有期徒刑。
> 　二、因而致廢疾者，三等以上有期徒刑。
> 　三、因而致單純傷害者，三等以下有期徒刑。
> 第三百十三條凡傷害尊親屬之身體者，從下列分別處斷：
> 　一、因而致死或篤疾者，死刑或無期徒刑。
> 　二、因而致廢疾者，無期徒刑或一等有期徒刑。
> 　三、因而致單純傷害者，一等至三等有期徒刑。[2]

這幾條律文立意甚為明顯：對尊親屬之傷害刑律處罰較凡人加重一等。此即經憲政編查館編制局首肯的「於有關倫常各條，恪遵諭旨，加重一等」。此處所云「尊親屬」之內涵繫於《修正刑律草案》總則第八十二條規定：「凡稱尊親屬者，為下列各等：一、祖父母，高、曾同；二、父母；三、外祖父母。稱親族者，為下列各等：一、

---

[1] 勞乃宣輯：《新刑律修正案匯錄》，載沈云龍主編：《近代中國史料叢刊正編》，臺北文海出版社1966年版，第885頁。

[2] 修訂法律館：《修正刑律草案》，上海圖書館古籍部藏1910年版，第89-93頁。

夫妻；二、本宗服圖期功以下者；三、妻為夫族服圖大功以下者；四、出嫁女為本宗服圖大功以下者；五、外姻服圖小功以下者；六、妻親服圖緦麻以下者。」[1]

可見，《修正刑律草案》亦有關於禮教內容的規定，且以「尊親屬」區分於凡人，然則勞乃宣批評的是什麼？他的意見來自對比舊律。舊律之《刑律・鬥毆下》有關親屬各條：

> 凡同姓親屬相毆，雖五服已盡而尊卑名分猶存者，尊長減凡鬥一等，卑幼加一等，至死者並以凡人論。
> 
> 凡卑幼毆本宗及外姻緦麻兄姊處十等罰，小功兄姊徒一年，大功兄姊徒一年半，尊屬又各加一等，折傷以上各遞加凡鬥傷一等，篤疾者絞，死者亦絞。若尊長毆卑幼，非折傷勿論，至折傷以上，緦麻減凡人一等，小功減二等，大功減三等，至死者絞。其毆殺同堂弟妹堂侄及侄孫者流三千里，故殺者絞。
> 
> 凡弟妹毆兄姊者徒二年，半傷者徒三年，折傷者流三千里。刃傷及折肢，若瞎一目者絞死，死者皆絞，若侄毆伯叔父母、姑及外孫毆外祖父母各加一等，其過失殺傷者各減本殺傷罪二等，故殺者皆斬，其兄弟毆殺弟妹及伯叔姑毆殺侄並侄孫，若外祖父母毆殺外孫者，徒三年。故殺者流兩千里。
> 
> 凡子孫毆祖父母、父母及妻妾毆夫之祖父母、父母者皆斬。殺者，皆斬。過失殺者流三千里，傷者徒三年。
> 
> 其子孫違犯教令，而祖父母父母非理毆殺者，從十等罰。故殺者，徒一年。嫡繼慈養母殺者各加一等，致令絕嗣者絞。若非

---

[1] 此處「親族」的說法非常古怪，條例分則涉及「尊親屬」諸條或又謂「尊親族」，用詞不謹，不知誰人所立。勞乃宣已指出，「尊親族」一詞應統一為「尊親屬」。此外，此處所謂「高、曾同」，禮經中更為通行的說法乃是「曾、高同」。

理毆子孫之婦及乞養異姓子孫，致令廢疾者，處八等罰，至死者各徒三年，故殺者流二千里，妾各減二等。其子孫毆罵祖父母父母及妻妾毆罵夫之祖父母、父母而毆殺之，若違犯教令而依法決罰，邂逅致死及過失殺者各勿論。[1]

兩相對比，勞乃宣的質疑切中要害，舊律親屬相毆條考慮周全，「卑幼毆尊長則加等，尊長毆卑幼則減等，所以重倫常正名分，維持乎世道人心，至為深遠」。而《修正刑律草案》僅於「卑幼傷害尊親屬有加重於凡人條文」，其不完善處至少有二：第一，卑幼毆旁支尊長無加重明文；第二，尊長毆卑幼之刑罰，無論直系旁支皆無減輕之典。[2]以舊律的禮教含義看，此案中雖有關於卑幼尊長相犯的條文，但其範圍與內涵已大為改變，「揆諸中國禮教，殊為未協」。對於草案為何單單在規定「卑幼犯尊長」一點上有加重之條，勞乃宣以為其立意並非重倫常而仍在於摹外國：「外國之律有數國尊卑長幼皆平等者，有數國卑幼犯尊長有加重之條者，至尊長之於卑幼則全與凡同，毫無分別矣。今草案內卑幼犯尊長，列有加重之條，非重倫常也，摹外國也！」[3]若尊長之於卑幼則無隻字異於凡人，是雖祖父而殺子孫亦將處以死刑，而致子孫輕微傷害亦將處以三等至五等有期徒刑矣。以

---

1 勞乃宣輯：《新刑律修正案匯錄》，載沈云龍主編：《近代中國史料叢刊正編》，臺北文海出版社1966年版，第910頁。

2 勞乃宣輯：《新刑律修正案匯錄》，載沈云龍主編：《近代中國史料叢刊正編》，臺北文海出版社1966年版，第919頁。

3 此處勞乃宣語氣強烈，至遞交資政院的《新刑律修正案》則語氣有所緩和，對於「新律於殺尊親屬、傷尊親均較凡殺傷為重，所以重倫紀也」。參見勞乃宣輯：《新刑律修正案匯錄》，載沈云龍主編：《近代中國史料叢刊正編》，臺北文海出版社1966年版，第1031頁。

中國人心風俗衡之,竊恐未能允當也。」[1]故此,勞乃宣認為,就「親屬相毆」律條而言,應該加上兩方面內容以糾此案之偏:

> 凡傷害期功以下有服尊長之身體者,依左列分別處斷:
> 一、因而致死篤疾者,死刑或無期徒刑及一等有期徒刑。
> 二、因而致廢篤疾者無期徒刑或一等至二等有期徒刑。
> 三、因而致輕微傷害者,二等至四等有期徒刑。
> 凡對期功以下有服尊長加暴行未至傷害者,處四等至五等有期徒刑及拘役。
> 凡故殺子孫處五等有期徒刑,若違犯教令依法決罰邂逅致死者不為罪。
> 凡殺期功以下有服卑幼者,處死刑無期徒刑或一等至四等有期徒刑。
> 凡傷害期功以下有服卑幼身體者,依左列分別處斷:
> 一、因而致死篤疾者,無期徒刑或五等以上有期徒刑。
> 二、因而致廢疾者,二等至五等有期徒刑。
> 三、因而致輕微傷害者不為罪。[2]

對勞乃宣提出的有關「親屬相毆」條的增修意見,沈家本僅以寥寥數字作答,表示:「應於判決錄內詳定差等,毋庸另立專條。其關乎毆尊親屬者,修正草案內已定有明文矣。」其後重點解釋刑律草案「尊長之於卑幼則無隻字異於凡人」的做法,他先以大段文字說明

---

[1] 勞乃宣輯:《新刑律修正案匯錄》,載沈云龍主編:《近代中國史料叢刊正編》,臺北文海出版社1966年版,第901-903頁。

[2] 勞乃宣輯:《新刑律修正案匯錄》,載沈云龍主編:《近代中國史料叢刊正編》,臺北文海出版社1966年版,第918-920頁。

「故殺子孫」與「殺有服卑幼」之禮義與律條沿革。以「故殺子孫」來說，沈家本承認「故殺子孫，實悖春秋之義」，但其所以不入新刑律正文，乃因主於簡括的新刑律於律條正文內僅規定刑名範圍，並不逐一按照身分等次一罪一刑嚴格對應。僅就刑名範圍講，亦與唐律差堪相等；具體定刑可憑審判官於審判之時酌量輕重。所有這些細則「可以明定於判決錄內」。「殺有服卑幼」一條也是一樣的情況。故此，僅就某一罪刑可能受到的判決來說，新、舊律法「無大出入」，「此等但當於判決錄規定等差，不必多列專條」[1]。

事實上，對「尊長毆卑幼」條不以舊律方式入新刑律正文的根本原因在《大清刑律草案》中已有說明。據《大清刑律草案》所述，本律乃引入「世界中最進步之說」，對未成年人採取保護主義。《大清刑律草案》總則部分第十一條規定：「凡未滿十六歲之行為，不為罪，但因其情節，得命以感化教育。」其後述理由云：「夫刑者，乃出於不得已而為最後之制裁也。幼者可教而不可罰，以教育涵養其德行而化其惡習，使為善良之民。」而感化教育的方式是「國家代其父兄而施以德育是也」[2]。因此，沈家本在回答勞乃宣質疑「子孫違犯教令」條不入刑律時說：「違犯教令，出乎家庭，此全是教育上事，應別設感化院之類以宏教育之方，此無關於刑民事件，不必規定於刑律中也。」再次重申這一新刑律的新原則。

勞乃宣對刑律從新的大勢也非常清楚，對於沈家本的回覆，勞乃宣首先明確二人此時的分歧：「新刑律條文之體主於簡括，每條兼舉數刑以求適合之審判，故《附則》第一條擬於實行之前酌照舊律略分

---

[1] 沈家本：《沈大臣酌擬辦法說帖》，載沈云龍主編：《近代中國史料叢刊正編》，臺北文海出版社1966年版，第931-932頁。

[2] 上海商務印書館編譯所編纂：《大清新法令》（第1卷），李秀清、孟祥沛、汪世榮點校，商務印書館2010年版，第476頁。

詳細等差，另輯判決例以資援引而免岐誤。茲欲將舊律諸條修入正文之內，若照舊律詞意過於繁重詳密，與全編體裁不合。」這裡後半部分「茲欲」云云是他最初固執的看法。對新刑律主簡體例瞭解之後，他提出折中方案，認為正文仍需補充，但「每條兼舉數刑」，「其中詳細等差一併歸入另輯判決例內」，如此「期與舊律相合」[1]。可見，勞乃宣在稍作變通之後，是寄希望用「判決例」的新體容納「舊律之義」。[2]至此，勞乃宣接受的方案可以概括為用「新律之體」行「舊律之義」。

勞乃宣的這一想法某種程度上延續了傾心舊律的吉同鈞的意見。早在《大清刑律草案》出臺後不久，吉同鈞就曾說：「新訂之律，表面僅四百餘條，初閱似覺簡捷，而不知一條之中，實孕含數條或數十條，將來判決例成，仍當取現行律之一千餘條，而一一分寄與各條之內，不過體裁名詞稍有不同耳。」[3]他認為，新律只是體例變化，「舊律的內容，最終仍會通過一種叫『判決例』的東西得到恢復」[4]。嚴格來說，勞乃宣比吉同鈞要求得更多，強調關涉禮教的核心條文必須進入正文。

顯然，這一想法實現起來難度極大。勞乃宣自謂於憲政編查館遞交《修正刑律草案說帖》之意見「未克全從」。實則憲政編查館核議之《修正刑律草案》，不僅未採用勞乃宣要求把舊律有關倫紀各條寫

---

1 勞乃宣輯：《新刑律修正案匯錄》，載沈云龍主編：《近代中國史料叢刊正編》，臺北文海出版社1966年版，第915頁。
2 問題的關鍵在於，對於尚未成文的「判決例」的實質內容，勞乃宣與沈家本的期許顯然不同。這後來成為沈勞二人對新刑律禮教條文如何措置問題主張有別的一個關鍵。這一點在勞乃宣領銜遞交給資政院的《新刑律修正案》中得以完全展現。
3 吉同鈞：《律學館第四集課藝序》，載《樂素堂文集》，國家圖書館藏1932年鉛印本，第55頁。
4 俞江：《傾聽保守者的聲音》，《讀書》2002年第4期。

入律正文的意見，相反還刪除了法律館與法部所加的體現舊律精神的《附則》五條，另行擬定《暫行章程》。從《附則》到《暫行章程》，進一步降低了舊律的成分。宣統二年（1910）十月初四日資政院會議期間，憲政編查館將《修正刑律草案》核議完畢，改名《大清新刑律》上奏清廷：「草案附則各條，其第一條因刑之範圍較寬，擬另輯判決例以資援引」；「其第二條列舉各項仍用舊律，幾致全體效力盡失，殊乖朝廷修訂本意」；「酌擬暫行章程五條，藉以溝通新舊而利推行，將來體察全國教育、警察、監獄周備之時，再行酌量變通」。[1]

這讓勞乃宣大失所望。他轉而寄希望於資政院，按新律修訂流程，憲政編查館核訂完畢後形成的《大清新刑律》需付資政院議決。作為議員的勞乃宣乃彙集一百零五人向資政院遞交《新刑律修正案》一則。不僅將矛頭指向《修正刑律草案》，亦對憲政編查館核訂的《大清新刑律》一併提出意見若干。這些意見分成三個層面。

第一，「尊長毆卑幼」比照凡人減輕一條，應列入刑律正文。勞乃宣等認為《大清新刑律》中「尊親屬殺傷子孫並無別設專條，是亦用凡人例矣」，「揆之中國禮教風俗人情，實不允協」。此義事關君父大倫，此前歷次草案「沒其文於正律而別定於判決錄」，是為大謬。在勞乃宣看來，這一內容不容商量。

第二，「判決例」需酌照舊律詳分等差；並且這一等差的標準，只能是服制。此條針對的是《修正刑律草案》的《附則》第一條：「本律因犯罪之情節輕重不同，故每條仿照各國兼舉數刑以求適合之審判。但實行之前仍酌照舊律略分詳細等差，另輯判決例以資援引而免歧誤。」《新刑律修正案》提議增纂內容為「本律內有關服制諸條

---

[1] 《憲政編查館大臣和碩慶親王奕劻等奏為核定新刑律告竣請旨交議摺》，載《清朝續文獻通考》（第245卷），商務印書館1936年版，第9894頁。

應按照服制輕重分別等差,皆於另輯判決例內詳之」。其關注重點一目了然,即所謂「判決例內」、「略分詳細等差」的標準,為嚴格地按照「服制輕重」。

歷次草案已經捨棄服制用語作為區分刑之等差的基礎,代之以「親屬」、「尊親屬」的區分。這在勞乃宣看來,只能導致刑罰的不精密,「今新律於殺傷尊親屬有加重於凡人之專條,特於旁支尊長尚無加重明文;而尊長之於卑幼則直系旁支皆無減輕之典,殊未允當」。對於此等次一級的反映「父子之倫尊親之義」的條文,可按照「新律體裁每條兼舉數刑以待審判時裁酌」,「其按照服制分別詳細等差於判決例內詳之」[1]。

第三,《修正刑律草案》中保持舊律精神的《附則》經過修改之後,應「仍稱《附則》」而「列於《暫行章程》之前」。[2]「暫行」即意味著將來會變,禮教是「不可與民變革者」。

勞乃宣領銜提交的《新刑律修正案》彙集舊派想法,其根本主張一言以蔽之,曰「明刑弼教」,其中所弼之教的內涵又重在「服制」。對於這一問題,沈家本等主新派左支右絀,事實上無法正面回答。他們明白,此時朝廷修律考慮的核心問題並非律文之合於民情與否,而在於「外人」的眼光。因此,對於服制入律問題,沈家本多次明確以「此最為外人著眼處」回答勞乃宣,唯勞乃宣不依不饒,逕以此亦「最為中國人著眼處」相反擊。

---

1 勞乃宣輯:《新刑律修正案彙錄》,載沈云龍主編:《近代中國史料叢刊正編》,臺北文海出版社 1966 年版,第 1031-1035 頁。勞乃宣對「准五服以制罪」的舊律原則極為推崇,此時還特別提出「吾以為吾國即定民法,當緩定親族等編,而他法典如刑法之類,關涉服制等律,亦皆當提開」。參見李貴連:《沈家本年譜長編》,山東人民出版社 2010 年版,第 205 頁。

2 勞乃宣輯:《新刑律修正案彙錄》,載沈云龍主編:《近代中國史料叢刊正編》,臺北文海出版社 1966 年版,第 1052 頁。

## （二）資政院議決：國家主義與家族主義問題

資政院是清末「預備立憲」的議會準備機構，為立法機關。總裁（議長）溥倫於資政院首次開會云：「今天是資政院第一次召集，為我中國數千年以來沒有行過的盛典。」[1]議員們普遍意識到《大清新刑律》草案的議決是「大議案」，議員於邦華甚至提議「可以單列議事日表會議」[2]。按《資政院議事細則》的規定，「法律案之議決，須經三次宣讀」。「初讀之際，軍機大臣、各部行政大臣、政府特派員或提議議員應說明該議案之主旨。」由此，楊度代表政府到場做《大清新刑律》草案的立法說明。其言論引起了激烈的爭論。

宣統二年（1910）九月一日，資政院開會以後，總裁溥倫基本不進議場，副議長沈家本已古稀之年，仍主持議事日程。《大清新刑律》初讀審議時間為宣統二年十一月初一日。當日下午議程第一項即《大清新刑律》議案，系由政府提出。楊度作為政府特派員對《大清新刑律》案作說明：「刑律正條的主旨與《暫行章程》的主旨各有不同。」然後，楊度分析刑律不能不改良之理由有二：一是國內的，「本朝刑律皆循唐宋明舊制，而唐宋明舊制又皆沿於秦律，其改正理由即因與『預備立憲』宗旨不合，試舉大者而言，援引比附即其例」；二是國際的，「現世界法學，自十七世紀以後，法律皆有公同之原理、原則，如合此者即適用，否則即不適用」[3]。

---

[1] 李啟成點校：《資政院議場會議速記錄——晚清預備國會論辯實錄》，上海三聯書店2011年版，第1頁。

[2] 李啟成點校：《資政院議場會議速記錄——晚清預備國會論辯實錄》，上海三聯書店2011年版，第421頁。

[3] 楊度：《關於修改刑律的演講》，載劉晴波主編：《楊度集》，湖南人民出版社1986年版，第527-529頁。

具體而言，楊度將舊律之本歸為秦制，「中國自秦以來，二千年之法律均本於秦，而秦之律又最嚴酷」。這一舊律的精神被楊度定義為「家族主義」，而「《新刑律》乃採用國家主義，對於家族制度以減少為宗旨」。楊度認為，「中國之禮教與法律，皆以家族主義為精神者也。而各國之禮教與法律，皆以國家主義為精神者也」。而任何國家欲成為法治國，必經一個階段，即「由家族主義進而為國家主義是也」。進而，楊度將此問題的重要性進一步提升，認為其「非區區一刑律之問題」，乃「中國積弱之根本原因，而此後存亡所關之大問題也」。

楊度之論乃是用西方家國概念體系重述舊律之精神，「家族主義」之核心為父，「國家主義」之核心為君。因此，楊度的演說實乃圍繞刑律而對君父關係的一次現代論說。在這一認知框架中，中國原有語境中家與國的聯繫被徹底撕裂，甚至成為對立的存在。楊度的演說視野宏闊，影響很大，據陶保霖言，「一般政界學界，因楊君之言，遂認定新刑律為破壞家族制度之法律」[1]。

這一重構雖然在學理上是站不住腳的，但在清末變法的資政院中，此論成為新律勝於舊律的論證。這一演說當即引起了很大反響，尤其是其中的家國關係說。議員陳樹楷馬上意識到這一內容的重要性：「現在《新刑律》所主持者，系由家族主義一變為國家主義，事體重大。」議員萬慎立即提出異議：「特派員所說的中國程度不足是因為孝子慈父太多，照如此說，是提倡中國不慈不孝的意思，我們中國以孝治天下，如此說來，中國不成為中國，而求忠臣於不孝子之門，得乎？特派員之言，不敢贊成。」不過，按照資政院議事章程，初讀完畢後應付法典股審查，故而各種問題沒有展開討論。

---

[1] 陶保霖：《論新刑律果為破壞家族制度否》，《法政雜誌》1911 年第 1 卷第 3 期。

勞乃宣的當場發言亦因屢被打斷而自言：「我不是不會說，我是不說。因我的話很多，我若說了，又說我犯討論的界限了。」[1]在勞乃宣所交議案中，他的意見非常明確。他以農、牧與商三種生計風俗分全球法律為家法、軍法與商法三類，認為「法律不能與風俗相違」。對於楊度將中國積弱歸於家法政治，勞乃宣表示不同意，認為「今中國已預備立憲矣」，有地方自治與國民代表之制，假以時日，「家國一體之理漸明於天下，天下之人皆知保國正所以保家」。因此，他認為「居今日而談變法」，必「本乎我國固有之家族主義，修而明之擴而充之，以期漸進於國民主義」[2]。勞乃宣與楊度之區別，一主張依舊以成新，一主張破舊以成新。

對於楊度的家族主義與國家主義論題，勞乃宣其實是不熟悉的。因此，林芝屏從楊度提出的「國家主義與家族制度」關係這一論題本身反駁楊度觀點時，馬上被勞乃宣引為同黨。林芝屏首先從家族制度於中國之意味入手，謂「凡一民族之團結，必有其所以團結之社會基礎」，而我國數千年之社會基礎即為家族制度，值此新舊遞嬗之際，如欲先打破舊有社會基礎而建設新社會，則極易造成「舊有社會存立之基礎既已破壞而新社會所以存立之基礎又未確立」的局面，實非萬全之道；並且，純就學理說，「今日家族主義與國家主義不兩立，蓋謂非先改革族制則無以養成國民。斯言也，殆未知我國今日之家族制度與歐洲古代家族制度之不同」。接下來林芝屏說明古羅馬時代家族制度與近代家族制度之淵源與區別，亦點明它們與中國族制之區別。林芝屏認為，如果強如楊度所謂將國家積弱之源溯及家制，「甚謂國

---

[1] 李啟成點校：《資政院議場會議速記錄——晚清預備國會論辯實錄》，上海三聯書店2011年版，第298-312頁。

[2] 勞乃宣輯：《新刑律修正案匯錄》，載沈云龍主編：《近代中國史料叢刊正編》，臺北文海出版社1966年版，第868-870頁。

家之貪官污吏即家族之慈父孝子」，則「斯言固不足辯」，與東西學說皆不類；征之中國古訓，「所謂資於事父以事君，以孝事君則忠」自不必言；「證諸西儒學說及立法例，亦未見族制與國家主義之必不能兩存也」。接下來，林芝屏從經濟、宗教、政治等方面詳細分殊中西歷史中的家制問題，以證己說：「總之，居今日而提倡非家族主義，而人民未必即因此而有國家思想，而舊有之社會基礎先壞。蓋今日中國之族制不足障礙國家主義，而我國民所以乏國家思想，其故在政治而不在族制。專制政治之下，其人民必無公共心，無國家觀念，此其理稍治政治學者類能言之，論者乃以之歸咎於族制，不顧我國之經濟能力政教現象而欲滅棄數千年之社會基礎，其果遂，足以救亡乎？此誠非下愚所能知也。」[1]

此後，議員江易園從中國思想史中忠孝相聯之觀念入手，抨擊楊度對中國歷史上家族主義的認知：「論者之所稱孝子慈父，以吾國倫理所謂事君不忠非孝之義論之，則正為不孝之子。在子為不孝，在父即為不慈。則論者所稱，其非吾國孝子慈父之家族主義正當之解釋也。」但江易園並不是因此肯定舊派，事實上，對於舊派的弼教論與楊度的國家主義新說，他認為皆有失：「因倫理之問題而致疑於新刑律與因政治之作用而遂欲破壞倫理上孝子慈父之家族主義，其為失均也。」[2]江易園的立場還是贊同新修刑律，只是對楊度的論證不滿

---

[1] 林芝屏：《林氏辨明國家主義與家族主義不容兩立說》，載勞乃宣：《桐鄉勞先生（乃宣）遺稿》，臺北文海出版社1966年版，第991-999頁。勞乃宣極其欣賞林氏此文，專門致書汪穰卿：「《林氏辨明國家主義與家族主義不容兩立說》已印成，茲送上一千四百五十本，隨報分送。又十本，以備吾兄分送知交。」參見《勞乃宣致汪康年》，載上海圖書館編：《汪康年師友書札》，上海古籍出版社1986年版，第2175頁。

[2] 江易園：《江氏刑律爭論平議》，載勞乃宣：《桐鄉勞先生（乃宣）遺稿》，臺北文海出版社1969年版，第1009頁。

意。他認為，「以吾國倫理與政治兩方之歷史觀之，則倫理之發達速而政治之發達遲」，因此造成的不良後果是，「政治不足以為倫理之制裁，則倫理適足以為不才之護符」，所以，「今正欲跂望於新刑法民法商法之出現，以釋我倫理上之累而招我全國人民幸福之魂」。

接下來的修訂刑律的關鍵機關為資政院內的法典股。《資政院議事細則》第五條規定，用抽籤法均分總議員為六股，其中第六股為法典股。據資政院正副總裁溥倫、沈家本與軍機大臣奕劻、毓朗、那桐與徐世昌聯名上奏之摺，法典股股員會負責將修訂法律大臣的刑律原案與憲政編查館的修改案語「參互勾稽，詳慎考核，凡律義精微所繫，必推勘致會觀而求其適；或條文字句未安，則斟酌從宜潤色，以靳其當。一再討論提出修正案復行開會再讀」[1]。可見，法典股實際上對憲政編查館的修正草案有再次修改的權力。

宣統二年（1910）十一月初一日《大清新刑律》草案初讀，初讀之後就交法典股審查。法典股股員長為汪榮寶，他在資政院說明審查之結果及理由，其基調立意於禮教派與楊度之間，對於禮教派關心的內容，他已經不太用「禮教」這一名詞而多改用「國粹」、「風俗」稱呼。他表態說：「這部刑律雖仿照各國最新的刑法起草，而其內容凡是中國特別的國粹可以保存的地方，大概都保存的」，「原來各國立國各有各的風俗，各有各的歷史，不是一時能夠變更得來的，股員會的意思，凡是可以保存的地方都以保存為是，所以對於這部草案，有主義上很好而實行上有窒礙的地方，應刪去的便刪去，應改正的便改正」。

---

[1] 溥倫等：《奏為議決新刑律總則繕單會陳請旨裁奪摺》，第一歷史檔案館藏資政院錄副奏摺，檔案號 152-7070-71。

對於楊度發言說新刑律是想提倡國家主義而減輕家族主義的觀點，汪榮寶表示不解：「股員會審查之後，以為這個草案於家族主義保持的地方很多，何以知之？試觀草案內對於尊親屬的犯罪非常之多，各國法律都沒有這樣詳細的規定。如各國刑法對於尊親屬用男女平等主義，自己的尊親屬於配偶人的尊親屬是一樣看待，本草案內妻對夫的尊親屬與夫同，而夫對妻的尊親屬則不然，亦是有保持中國家族制度的意思。」

具體而言，法典股審查《大清新刑律》，關於親屬條文的修改就是「將『尊親屬』範圍縮小」。以修正案第三百一十六條對於尊親屬加強暴未至傷害條為例，汪榮寶謂：「原案『尊親屬』包括外祖父母父母在內。股員會意見以為，中國既不採男女平等主義，而外祖父母與祖父母服制輕重不同，自不能相提並論。外祖父母就是父之外舅外姑，父對於外舅外姑並不與自己父母視同一體，所以從『尊親屬』中將『外祖父母』刪去，歸於『親屬』之內。這是根據中國習慣禮制修正的。其餘對於尊親屬特別規定，如誣告尊親屬，發掘尊親屬墳墓與遺棄尊親屬等項，均照原案一一保存沒有改動。」[1]隨之，他認為原案第二百八十八條第三項尊親屬上的「直系」字樣亦可以刪去，「因為原案尊親屬並外祖父母在內，今『外祖父母』已經刪去，所謂『尊親屬』者就專指父母、祖父母而言，『直系』二字便是多出來的」。關於第二百八十四條，他認為：「凡相姦本支親屬婦女者處二等至四等有期徒刑，其相姦者以同本支親屬，範圍若何，原案未曾規定。本股員會審查本律以服制為範圍，故改本支親屬為本宗緦麻以上之親屬，似較原來文理略為確實。」

---

[1] 李啟成點校：《資政院議場會議速記錄——晚清預備國會論辯實錄》，上海三聯書店2011年版，第594頁。

在君主條文方面，對於前文提到的簽注意見頗大的「第一草案第二草案對於外國皇族太廟、山陵有侮辱行為，與對於帝國皇族太廟、山陵有侮辱行為用同一之處分」這一內容，法典股股員會亦「不甚贊成」，「因為本國人對於皇上非常尊重，故推及皇族陵廟一一加以特別保護。若對於外國則當以妨害法益之程度為標準，不必處處照中國皇族太廟、山陵一例看待，所以股員會將此等規定酌量刪去」。與之相關，股員會認為，「第一第二草案殺傷侮辱代表者處罰甚重，與對尊親屬有犯幾乎相同」，因此「現在酌減一等，比對普通人犯罪重，比對尊親屬犯罪輕，似較得中」。法典股對應地將外國「代表」的範圍略為放寬，並改「代表」二字為「使節」。對於股員會的這一審查案，憲政編查館特派員許同莘明確表示「並無意見，甚為贊成」。

對於之前作為調和新舊保存禮教之用的《暫行章程》，法典股的意見是刪除。汪榮寶云：「這《暫行章程》存在的理由，據當時政府委員的演說就不十分充足，其後股員會討論，以為此《暫行章程》可以不要，曾具理由書送至秘書廳刷印分送。」據《申報》記載，法典股要求刪除《暫行章程》的說帖意見主旨是：「決不可於新刑律實行之際，又另設一暫行章程以破壞之也。」具體而論，《暫行章程》五條中有關尊親的條文，「第二第三條對於過失危害乘輿、內亂、外患、對尊親屬有犯、強盜、發冢各項，得因其情節仍處死刑，亦與原案改良刑法、酌減死刑之旨不符」。對於第五條對親屬不適用正當防衛，法典股以為贅文，「查原案第十五條為定不為罪之原則，不能不包括對尊親屬在內。若尊親屬管教卑幼，自不能謂之不正之侵害；若防衛稍有過當之處，亦可援但書處斷」[1]。在這一點上，法典股還是以推進新刑律之「新」為指歸。

---

[1] 《資政院反對暫行章程》，載《申報》1911 年 1 月 4 日。

在資政院，法律與禮教分開的觀點漸成主流，並且對於尊親二系在刑律中的特殊地位，已經有議員不從禮教角度考慮了。於邦華的觀點很有代表性。他認為：「刑法是刑法，禮教是禮教，兩不相涉。」新刑律性質上「本是法律一種，法律不能替禮教的」。他進一步貫徹法律自身的邏輯，認為「國家主義」說到底就是權利義務的主義。對於草案有涉禮教的尊親屬及皇室的特別規定，他的解讀為「以本議員看之，還是權利義務的問題」。因為「君主負全國政治責任，是特別的義務，所以總得享受特別的權利。如有對於君主犯罪，即應以特別法律裁之。尊親屬之於子，若無尊親屬數十年扶養之勞，子焉能得以生活？所以尊親屬對於子負特別的義務，即應當享受特別的權利。子對於尊親屬有犯罪，即應以特別法律制裁之，這皆是權利義務的問題，就是國家的主義」[1]。在此後的資政院議決中，此種隱含的觀念轉變發揮了重要影響。

據勞乃宣云，他遞交的修正案於宣統二年（1910）十一月十一日交到秘書廳，但是十六日法典股就將新刑律草案審查完了，因此他懷疑分管核查新刑律的法典股討論時並沒有看到他的修正案，「或者秘書廳未交到」。而據楊度言，「前次法典股審查後報告的時候說要廢《暫行章程》，議場上於此問題沒有討論，沒有表決，特派員所以沒有說話」。

無論如何，按照《資政院議事細則》的規定，「再讀之際，議員得提起修正議案之倡議，議員得於再讀以前預將修正案提出」[2]。於是，勞乃宣得於現場提出自己的看法。關於尊長教令卑幼有無正當防

---

[1] 李啟成點校：《資政院議場會議速記錄——晚清預備國會論辯實錄》，上海三聯書店2011年版，第600頁。

[2] 李啟成點校：《資政院議場會議速記錄——晚清預備國會論辯實錄》，上海三聯書店2011年版，第725頁。

衛的問題，勞乃宣陳述自己意見「是《暫行章程》的五條，改到正文裡頭去」。汪榮寶當即說：「股員會多數議決《暫行章程》作廢，已經提出不採用之理由書。」這得到眾多議員的回應。議員籍忠寅言：「勞議員主張的是倫理上的，不是法律上的（據《資政院議場會議速記錄——晚清預備國會論辯實錄》，此處眾議員拍手）。所謂瞽瞍殺人，舜既未被瞽瞍殺死，則不能援以為事實上之例。法律訂定以後，子弟有不法行為，國家有法律代為管束，用不著尊親屬殺之也，奉勸勞議員不必過慮。」另有議員喻長霖亦以「過慮」為說：「勞議員主張的是中國倫常，關係是很大的，大家亦很注意。但無論如何，父兄萬不至無故殺死子弟，且勞議員所慮的，就是將來民法親族必有規定的。」副議長於是提議表決。表決結果為「少數」贊成勞乃宣意見。不過，議員王佐良於表決卑幼對尊長的正當防衛權後說：「現在議場表決是很可笑的，倡議的贊成人有三十人以上，表決贊成人倒只有二十人。」而有關無父奸入律的議決結果為「多數」贊同勞氏意見。董康回憶道，這是因此條為張之洞所痛斥，而議員又「多為文襄所招致，因之舊派從而操縱，結果白票居多數」[1]。可見，資政院第一次開會問題多多，對這類表決之意義不可過於看重。

由於宣統二年十二月初八日關於無父奸入律的爭議，初九到會的議員人數大為減少，並且法典股股員長亦未到。議員陳命官說：「今天法典股股員長及股員不來，是因為全院不信任之故。《新刑律》本是宣統五年方能實行，現在可勿急於議決，且即此草草通過，是不中不西不新不舊之刑律，萬不能適用的。」至初十日，為本次資政院會議常年會的最後一次會議。因有許多議案要議決，而原定在議事日表

---

[1] 董康：《中國編纂法典之概要》，載何勤華、魏瓊編：《董康法學文集》，中國政法大學出版社2005年版，第469頁。

第一位的「大清《新刑律》議案三讀」因需時太多，故從眾議員意見暫緩議《大清新刑律》。[1]最後，《大清新刑律》分則及《暫行章程》因資政院會期已到未及議決，也就是說，此次圍繞《暫行章程》存廢的種種爭論未果。

清廷本來擬定仿行立憲時間為九年，宣統登基以後重申以九年為限，不過經歷立憲派請願運動，宣統二年（1910）十一月十四日清廷宣佈縮短預備立憲期限為五年。時間緊迫，且德宗朝定的九年預備立憲步驟，本應於一九一〇年頒行新刑律。主要因為這個原因，宣統二年十二月二十五日奕劻上奏陳請「新刑律《分則》並《暫行章程》未經資政院議決者應否遵照清單年限頒佈」一摺[2]，雖然處處以「侵害資政院立法權」為慮，但仍提請先期頒佈。奕劻等：《奏為新刑律分則並暫行章程未經資政院議決應否遵限頒佈摺》，第一歷史檔案館藏憲政編查館錄副奏摺，檔案號3152747472。所謂的「侵害資政院立法權」就是繞過資政院議決。比如陳新宇先生撰文考辨「無夫姦」入律情況，認為雖然「無夫姦」問題的議決結果使之入罪並且寫入法典

---

[1] 李啟成點校：《資政院議場會議速記錄——晚清預備國會論辯實錄》，上海三聯書店2011年版，第598、658、679-680頁。

[2] 據章宗祥回憶，議決新刑律分則草案時資政院會期已近，沈家本曾以機會難得，「不想擱置經年，乃與余等熟商，說總裁溥倫，請將會期奏展十日」。但未果。及至最後日期，議長溥倫中途有事，沈家本代行議長職務，宣言當晚9時續行開會，並在投票取決時，「由議長命守衛嚴閉議場，以防舊派議員走脫而導致人數不敷。……舊派知人數不能敵，欲以消極抵制，紛紛圖退出議場，而議場門已奉議長命鎖閉，守衛不允開啟，只得回席投票。蒙古西藏等處系政府選派，新派得此議席者多人，蒙古王公等本無甚意見，由新派約為同派，因是白票遂得多數。新律分則於兩小時內完全通過，誠修律史中之趣聞也。散會已逾十一時，舊派有悻悻色，新刑律卻自此成立矣」。參見章宗祥：《新刑律頒佈之經過》，載中國人民政治協商會議全國委員會文史資料委員會：《文史資料存稿選編（晚清·北洋上）》，中國文史出版社2002年版，第37頁。若依這一回憶，新刑律分則亦以這一匪夷所思的方式在程序上通過，但此後奕劻上奏摺，仍言分則未經議及，是不承認此次議決。本書以奕劻奏摺為準。

正文，但因為支持新派的軍機大臣和皇權首肯，欽定本僅僅將其放入《暫行章程》中，資政院的復議權被無視。參見陳新宇：《誰在阻撓〈大清新刑律〉的議決？——章宗祥回憶辨偽及展開》，載《清華法學》二〇一一年第六期。同日奉上諭：

> 據憲政編查館奏，新刑律《分則》並《暫行章程》，資政院未及議決，應否尊限頒佈，繕單呈覽，請旨辦理一折。新刑律頒佈年限，定自先朝籌備憲政清單，現在設議院之期已經縮短，新刑律尤為憲政重要之端，是以續行修正清單，亦定為本年頒佈，事關籌備年限，實屬不可緩行，著將新刑律《總則》、《分則》暨《暫行章程》，先為頒佈，以備實行。俟明年資政院開會仍可提議修正，具奏請旨，用符協贊之義，並著修訂法律大臣，按照新刑律，迅即編輯判決例及施行細則，以為將來實行之預備，余照所議辦理。欽此。[1]

《欽定大清刑律》就此匆匆頒佈，距離清帝退位詔書頒佈時間恰只一年。

## （三）小結

在《修正刑律草案說帖》末尾，勞乃宣引述《禮記・大傳》中一段文字云：「立權度量，考文章，改正朔，易服色，殊徽號，異器械，別衣服，此其所得與民變革者也。其不可得變革者則有矣，親親也，尊尊也，長長也，男女有別，此其不可與民變革者也。」勞乃宣

---

[1] 奕劻等：《憲政編查館大臣奕劻等奏刑律黃冊繕寫告竣裝潢進呈摺》，故宮博物院明清檔案部編：《清末籌備立憲檔案史料》，中華書局1979年版，第891頁。

晚年自號「韌叟」，以衛教自居，羅振玉稱他為「醇儒」，讚他「爭法律於彝倫將斁之日，論政體於凶焰方張之世，古人所謂不惑不憂不懼，惟公當之無愧色」。以勞乃宣的儒者眼光看，通達天理民情的禮教蘊含有與中國社會相一致的正義秩序，不論制度形式如何變化，其思想基礎不變，新刑律對於中國的意義僅僅是制度形式發生暫時性的變化，相較之下，某些禮教倫理原則根植於民情，會有相當的穩定性。故而，針對新刑律大規模移植西方的法條形式，勞乃宣只能稍微變通地以承認「新律之體」的形式存「舊律之義」，在這一意義上接受新刑律。因此，勞乃宣的努力不是沈家本修訂《現行刑律》意義上的「溝通新舊」，在他看來，倫理原則無所謂新舊。

在刑律的高階原則上，勞乃宣認為「禮教」與「憲政」並不衝突。「立憲以順民心為主」，既如此，「則刑律之修可不以合乎中國人情風俗為先務哉」[1]。換言之，禮教根基於「民情」，立憲乃順「民心」，二者斷然不會有矛盾。「禮」與「憲」在「民情」的基礎上，內在統一。

可見，勞乃宣的邏輯是在承認立憲政治的基礎上，寄望中國的傳統政治生長出現代的形式。為什麼這一生長的結果必然是具有禮教內涵的樣式，就是基於其儒家立場的自信。

相較之下，作為律學大家的沈家本的儒學立場並不高，但他也不是通常認為的與「禮教派」對立的「法理派」。我們很難絕對地說沈家本的真實想法是反對禮教入律，但是出於種種現實考慮，他接受了與西方趨於一致的制度形式。沈家本辯稱，新律的懲罰力度並未與舊律相差很遠。新刑律草案的起草者岡田朝太郎亦云：「新律對於違反

---

[1] 勞乃宣輯：《新刑律修正案匯錄》，載沈云龍主編：《近代中國史料叢刊正編》，臺北文海出版社1966年版，第926頁。

教令之子孫，因較嚴之於勞君之意見，又何用嘵嘵爭辯不已哉！」[1] 關鍵問題在於，這背後蘊含的「教」已然不是經典中的「禮」。

無疑，沈家本的考慮更具有應時的色彩。春秋末世，鄭子產不顧舊貴族的責讓而毅然決然鑄刑鼎以改變舊禮制；清之季年，沈家本面臨的情勢亦為新的內外交迫。宣統二年（1910）二月初五日，沈家本一路顛簸前往西安，途經鄭州時專門謁子產墓並賦詩一首，末句云：「小學鄰強交有道，此人端為救時來。」光緒三十三年（1907），沈家本修民商法上書，即有「救目前危亡之禍」一語，此時作為律學大家的他心中一定想到了子產在鄭國的艱難變革。而勞乃宣謹守禮經所謂親親尊尊不可與民變革之義，以經典中規定的制度與道德原則為現世立法度，亦不枉其儒教信仰。[2] 清末山雨欲來，勞乃宣的立場非常容易被人認為頑固不化。時人所謂「一般社會於新律精神無理解能力，多以舊思想解釋之。此次編查館論戰不過其一耳」，直至與清之變法成敗相聯繫，「中國多年變法不成者，皆以舊思想運用新學理，無不失敗以終，今日之新刑律特其一端耳」。[3]

後來，沈勞二人都離開了刑律修訂之中樞。宣統三年（1911），沈家本提出辭去修訂法律大臣和資政院副總裁兩項職務的請求。二月二十二日，清廷下諭：「以大學士世續為資政院總裁，學部右侍郎李

---

1 〔日〕岡田朝太郎：《論〈大清新刑律〉重視禮教》，載《法學會雜誌》1911 年第 3 期。

2 羅振玉：《韌叟自定年譜序》。1914 年 11 月 21 日，勞乃宣致書羅振玉，言及時勢有句云：「時事無可言，眾言狂瞽，群犬互齧，坐視陸沉而已。」可見，勞乃宣醇儒本色之一斑。當然，並不是所有舊學中人皆持此態度，比如從仕禮學館的禮學家曹元忠認同沈家本治中國人別輯暫行章程的辦法。參見曹元忠：《遵議新纂刑律分則草案輕重失宜疏（代）》，載《清代詩文集彙編》編纂委員會：《清代詩文集彙編》（第 790 冊），上海古籍出版社 2010 年版，第 448 頁。

3 崔云松：《新刑律爭論之感言》，《國風報》1910 年第 30 期，第 41 頁。

家駒為資政院副總裁。」又諭：「命法部左侍郎沈家本回任，以大理院少卿劉若曾為修訂法律大臣。」[1]同時，沈家本修律破壞上諭禮教宗旨的議論也再起，有奏摺謂：「查法律館初設即派沈家本充修訂法律大臣，原以其中律尚精必能審慎無弊，乃自任事以來，一切任館員主持，宗旨謬誤，以致所訂法律動與禮教背馳，顯違諭旨，今奉旨改派劉若曾，是沈家本修律不善為聖明所深悉。劉若曾學術素優，應請飭其持正宗旨，毋蹈沈家本故轍，致負委任。」[2]

勞乃宣亦離開中樞，任江寧提學使本職。晚清新刑律制訂過程中圍繞禮教與憲政的爭論暫告平息，但其開放的問題卻沒有離我們遠去。在勞乃宣等信奉「明刑弼教」的儒者看來，如果不能在不斷應時而變的制度形式中融入「舊律之義」，則極易造成倫理失範：「此等法律使果實行，則名教之大防一潰而不可復收，恐陵夷胥漸，人心世道日即於偷迨患氣，既悔之晚矣。」這一擔心發人深省。其中所涉及的禮教與律法或曰道德與法律關係的問題，具有永恆意義。就此而言，勞乃宣在清末的作為仍會給我們帶來些許啟示。

---

[1] 《大清宣統政紀》，載沈云龍：《近代中國史料叢刊三編》（第 68 輯），臺北文海出版社 1989 年版，第 865 頁。

[2] 《奏請飭派江寧提學使勞乃宣幫同修訂法律事》，第一歷史檔案館藏硃批奏摺，檔案號 04-01-01-1114-006。此摺既無具奏人又無具奏時間，但其背後毛筆行書寫有「奏摺原缺宣統三年十二月」字樣。摺內推薦「幫同修訂」法律之人專門提到勞乃宣，且又說道：「上年十二月十八日憲政編查館奏請飭勞乃宣赴任，稱該員研究律學，新舊貫通，請派該員為該館一等諮議官。」查勞乃宣赴江寧提學使本任之摺，應指憲政編查館大臣奕劻等《奏為館員勞乃宣經手事竣請飭赴江寧提學使新任並派充本館諮議官事》，其中提道：「惟該員研究律學，頗能新舊貫通，明年為臣館覆核民律之期，擬派該員充臣館一等諮議官，屆時遇有討論此項民律須免為諮詢者並擬電調其暫行來京，同臣館在事各員悉心審議，俾昭詳慎恭候。」正與上摺所云事項相符。奕劻摺所奏時間為「宣統二年十二月二十八日」，則此不具名硃批奏摺背後毛筆行書「宣統三年十二月」應不誤（有一個小小的錯誤是，此摺誤以為奕劻一摺的上奏時間為宣統二年十二月十八日，實際應為十二月二十八日）。

## 二　法的辛亥之變

　　清新政匆忙中頒行之新刑律，由岡田朝太郎為主要起草人，基本襲自西方，此後迭經修改，基本精神為加重律中禮教內容。民國肇造，編制新法令的問題提上議程，[1]刑律主體採清末資政院未完全通過之《大清新刑律》。對此新刑律的頒行，曾參加過清末修律的吉同鈞頗感無奈，據吉氏云，前清朝廷迫於《新刑律》爭論之兩難，「准將新律從緩頒行，先用現行律以為溝通新舊之法，不料未踰一年，即逢國變，由是專行新律，而舊律遂為故紙，以致釀成今日分崩離析之現象」。[2][3]

### （一）國體變動下的禮教考慮

　　辛亥年清帝退位詔書云：「徒以國體一日不決，故民生一日不安，今全國人民心裡多傾向共和，南中各省既倡議於前，北方諸將亦主張於後，人心所向，天命可知，予亦何忍因一姓之尊榮拂兆民之好惡是用，因外觀大勢，內審輿情，特率皇帝將統治權公諸全國，定為共和立憲國體，近慰海內厭亂望治之心，遠協古聖天下為公之義。」其詔書接著有所謂「袁世凱條文」：「袁世凱前經資政院選舉為總理大臣，當茲新舊代謝之際，宜有南北統一之方，即由袁世凱以全權組

---

1　鑒於民國初立，中央政府未及時制訂一部完整的刑法，各地法制極為混亂的狀況，譚延闓組織專業人員，率先在湖南刪改《大清新刑律》，制定成《湖南現行刑法》，頒發全省實行。參見成曉軍：《譚延闓評傳》，岳麓書社1993年版，第81頁。
2　吉同鈞：《答友人問新舊法律之得失》，載《樂素堂文集》，國家圖書館藏1932年鉛印本，第19頁。
3　本節所論「辛亥之變」，並非僅指辛亥年發生的事件，而是指民初國體問題為政治核心問題的一段歷史時期，其起止時間為辛亥革命到袁世凱取消帝制。此後帝制問題不再成為中國政治的真正議題。

織臨時共和政府與民軍協商統一辦法。」[1]此詔書表明，辛亥之變給中國帶來的兩大政治任務是國體與統一。困擾南北統一問題的核心議題又在國體，因此辛亥年政治的核心就是共和。其後南北雙方以議和的形式實現國體變更，似為中國實現和平轉型的曙光，但對於中國傳統思想的禮教原則來說，卻帶來很大的問題。中國數千年來以禮教立國，禮之所重首在君親。現在君主去除，那麼禮教原則何以存續？此時尚未到「五四」，整個思想界還處在強調禮教的氛圍中。以廢除君主製為宗旨的辛亥之變，便將這一中國思想史的獨特問題展露出來。

首先來看袁政府的態度。民國元年（1912）四月二十九日，即參議院移至北京開會的第一日，臨時大總統袁世凱親自到場表示：「惟搏挽四千餘年之古國，廓清秦政二十二朝專制之痼習及晚近時代社會傳染之惡風。」[2]在袁世凱的政治觀念中，民國的建立乃是從掃清秦政開始。「立國大本，在修明法度整飭紀綱而後應時勢之所宜合人群而進化。」[3]「古今立國之道，惟在整飭紀綱，修明法度，使內外相系，強弱相安，乃可鞏固國基。」[4]「本大總統深惟中華立國以孝悌忠信禮義廉恥為人道之大經，政體雖更，民彞無改。蓋共和國體惟不以國家為一姓之私產而公諸全體之國民，至於人倫道德之原，初無歧異。」在這一思路下，只有將禮教與君主剝離：「孟子有言，去人倫

---

1  《大清皇帝詔旨四道》，《臨時公報》1911 年 12 月 26 日，第 1-6 頁。
2  袁世凱：《蒞參議院宣言附參議院致辭》，載徐有朋編：《袁大總統書牘彙編》，臺北文海出版社 1971 年版，第 12 頁。
3  袁世凱：《蒞任正式大總統宣言》，載徐有朋編：《袁大總統書牘彙編》，臺北文海出版社 1971 年版，第 13-14 頁。當然，袁世凱此處所論也有維護自己統治的意思，宣言內並言「本年七月間，少數暴民破壞統一……不及兩月內亂籽平」。不過，這一面並非本書論述重點。
4  袁世凱：《蒞參議院宣言》，載徐有朋編：《袁大總統書牘彙編》，臺北文海出版社 1971 年版，第 9 頁。

無君子,率獸食人人將相食,若任其自然,不為別白,則五季之蕩無法紀復見於今,必為人類所不容,環球所共棄,言念及此,憂心如焚,為此申明誥誡,須知家庭倫理國家倫理社會倫理,凡屬文明之國,靡不殊途同歸。此八德者,乃人群秩序之常,非帝王專制之規也。」[1]

北京政府之外的舊學人對時代的觀感也值得我們關注。清末參與新刑律之爭頗深的[2]因此,他認為:「共和乃君主政體非民主政體也」;「今之朝局(按:指清末攝政王體制)乃真共和也,共和之正解也,若時人之所謂共和,乃民主也」;而民主斷不可輕易行於中國,歐西國家之民主,「相推相演乃成今日民主之制,其所由來者漸矣,非一朝一夕之故也」勞乃宣:《共和正解》,載勞乃宣:《桐鄉勞先生(乃宣)遺稿》,臺北文海出版社1969年版,第141頁。此文作於辛亥事起之際。「辛亥革命變起,予在京師,值遣使議和之際,時論有君主立憲民主立憲兩說,予謂民主之制萬不能行於中國,作《共和正解》以明之。……予謂項城智者也,伊尹之志不可知,伊尹之智當可信。此等事(按:指民主),智者不為也。乃未幾而遜位,未幾而公舉項城,竟赫然為民主矣。予於是深自咎予之知項城未盡也。」勞乃宣認為民主「第能行之偏小之區域,迨擴為大國即不能不變為君主矣。蓋人少而後選舉易公,地小而後眾情易達,非廣土眾民所能推行無弊也。惟北美聯邦區域頗大,亦能行民主之制,則以美

---

1 《通令國民尊崇倫常文》,載徐有朋編:《袁大總統書牘彙編》,臺北文海出版社1971年版,第95頁。
2 勞乃宣也注意到民初的國體問題。勞乃宣致力挖掘中國製度中的「共和」之義:「此類與今日東西各國所謂君主立憲絕相似,而不學之流乃用之為民主之名詞,謬矣!夫君主立憲有君者也,民主立憲無君者也,古之共和,明明有君,烏得引為無君之解哉?今天下兢言共和矣,若依共和本義解之,則今日頒佈之君主立憲政體,正與周之共和若合符節也。」

之人民皆英之中流以上人物，因教爭而遷往者，人人具有法律知識，非他國智愚靈蠢雜然不一之民所能及也」。。

可見，勞乃宣是以周之「共和」為恢復周禮之時機，周禮之所以當復，乃因綱常名教為中國「數千年相傳之國粹，立國之大本也，有之則人，無之則獸，崇之則治，蔑之則亂」。故此，他觀察民初政治自然百般看不慣：「時事無可言，眾盲狂嚷，群犬互鬩，坐視陸沉而已。」[1]在勞乃宣的歷史觀中，民國去君，轉用民主，實乃大亂之道：「今者邪說流行，提防盡決，三綱淪九法斁千聖百王相傳之遺教掃除破壞蕩然無復幾希之存，過於六朝五代遠甚，則其亂之甚且久者必過六朝五代無疑。吾恐非百餘年數十年所能止也。」[2]

在政治觀點上更有影響也更複雜的是康有為。康有為的基本態度還是主張君主制，其論證路徑也是從「共和」概念入手。武昌事起，康有為即馳書致黎元洪，贊同共和：「遙聞新國之風聲，於用共和之政體。《禮》曰：『天下為公，選賢與能。』《易》曰：『見群龍無首，吉。乾元用九，天下治。』此義理之公也，孔子之志也，僕生平之願也。昔著《大同書》專發此義，以時尚未至，故先言立憲。」但是，他所謂共和別有意義，「共和之義，於古也六，於今也四，凡有十種」[3]。在諸多意義中，康有為推崇英國之「共和」，「歐人言法理者，以英為共和國，實為萬國憲政之祖，而政體之至善者也」。對於中國，他認為：「中國乎，積四千年君主之俗，欲一旦全廢之，甚非策也。況議長之共和，易啟黨爭而不易於大國者如彼；總統之共

---

[1] 韓行方、房學惠：《勞乃宣致羅振玉書札十六通》，《文獻》1999年第4期。
[2] 勞乃宣：《續共和正解》，載勞乃宣：《桐鄉勞先生（乃宣）遺稿》，臺北文海出版社1969年版，第148頁。勞乃宣自云：「余又作《續共和正解》，議於定憲法時。」
[3] 康有為撰：《康有為全集》（第9集），中國人民大學出版社2007年版，第246頁。

和，以兵爭總統而死國民過半之害如此。今有虛君之共和政體，尚突出於英、比與加拿大、澳洲之上，盡有共和之利而無其爭亂之弊，豈非最為法良意美者乎？」[1]由此，他認為不論從「共和」之西方源頭看，還是從中國政治的現實考慮說，存君都為最優選擇。不過，需要注意的是，康有為是通過對「君臣之義」賦予新含義來使自己的主張符合民國情況的。「或謂儒家大義，最重倫常，今政改共和，君臣道息，則遺經垂教，窒礙難行。此溝猶瞽儒未通古義之論也。夫君臣之本義，但指職事之上下言之，非為一帝者言之。」康有為：《孔教會序》，載《康有為全集》（第九集），中國人民大學出版社 2007 年版，第 345 頁。類似意思亦見《以孔教為國教配天議（1913 年 4 月）》，載《康有為全集》（第十集），中國人民大學出版社 2007 年版，第 92 頁。可見，康有為是通過對「共和」與「君臣」兩者之新解釋來保留禮教的君臣之義。

康有為的想法稍顯勉強而又無奈，對於時局，他的觀感無異於勞乃宣：「自共各此據《康有為全集》，疑本為「和」。以來，教化衰息，紀綱掃蕩，道揆凌夷，法守隳斁，禮俗變易。蓋自羲軒堯舜禹湯文武周孔之道化，一旦而盡，人心風俗之害，五千年來未有斯極。耗矣哀哉！中國之不為墨西哥者僅矣，蓋國魂死矣。」[2]

相對來說，革命者對禮教問題的關注並不多，他們強調國體問題，則是明確地以廢除專制君主為務。一九〇五年十月二十日，孫中山於《〈民報〉發刊詞》首揭三民主義：「余維歐美之進化，凡以三大主義：曰民族，曰民權，曰民生。」三大主義，都關涉「民」，

---

[1] 康有為：《與黎元洪、黃興、湯化龍書（1911 年 11 月 9 日）》，載《康有為全集》（第 9 集），中國人民大學出版社 2007 年版，第 202 頁。

[2] 康有為：《〈中國學會報〉題詞》，載《康有為全集》（第 10 集），中國人民大學出版社 2007 年版，第 17 頁。

「三大主義皆基本於民，遞嬗變易，而歐美之人種胥冶化焉」。[1]及至《中國同盟會革命方略》，則有建立民國之旨，其主權在民，「今者由平民革命以建立國民政府，凡為國民皆平等以有參政權」。「民」之對立為「君」，因此「敢有帝制自為者，天下共擊之」[2]！此義乃革命黨所以為革命黨，所論多有，故不遑多舉。唯須指明的是，孫中山推翻清政府，不僅有民族革命的意思，而且指向推翻君主政體：「我們推倒滿洲政府，從驅除滿人那一面說是民族革命，從顛覆君主政體那一面說是政治革命，並不是把來分作兩次去做。講到那政治革命的結果，是建立民主立憲政體。照現在這樣的政治論起來，就算漢人為君主，也不能不革命。」[3]其後革命邏輯的展開，就是對傳統禮教的全面批判。

綜合來看，對於民初之走向共和，康有為和勞乃宣等舊派認為禮教不存則人墮為禽獸，恐有大亂。袁世凱在此點上並無不同看法。在舊派看來，不論是勞乃宣的君主制主張還是康有為的變通思考，其基本立場是，無君則禮教不存，故必須存君才可。革命派則在廢除君主制度上有明確籲求，袁世凱也暫時接受了這一政治選擇。以禮教內部君親並重的邏輯看，革命派、袁世凱與舊派的主張正對應所謂君親盡去、君去親存與君親並舉三種形態。民國初立國體之多變，為我們思考中國思想脈絡中無君時代之禮教問題提供了多種樣本。這一由國體變更帶來的禮教調適在刑律中有鮮明體現。歷史的選擇是，辛亥之際

---

[1] 孫中山：《〈民報〉發刊詞》，載廣東省社會科學院歷史研究室等編：《孫中山全集》（第1卷），中華書局2006年版，第288頁。

[2] 孫中山：《中國同盟會革命方略》，載廣東省社會科學院歷史研究室等編：《孫中山全集》（第1卷），第297頁。

[3] 孫中山：《在東京〈民報〉創刊週年慶祝大會的演說》，載廣東省社會科學院歷史研究室等編：《孫中山全集》（第1卷），第323頁。

政治上的共和為最良之國體，成為革命後各方一致公論。我們的考察也從這裡開始。

傳統中國的律典為禮教原則的集中體現。由君主專制而共和，這成為舊律面臨修改的根本原因。因舊律雖采自「各國通例」，但究屬君主國刑律，故而辛亥之變帶來的國體變更使刑律必須改變。民國初立刑律變遷的脈絡大致分兩個階段：第一階段為配合共和國體的禮教內容的次第刪除，第二階段為伴隨帝制恢復的禮教原則的回潮。

## （二）君親條文的次第刪除：《暫行新刑律》

一九一二年三月十日，袁世凱在北京宣誓就任臨時大總統，即發佈臨時大總統令：

> 現在民國法律未經議定頒佈，所有從前施行之法律及新刑律，除與民國國體牴觸各條應失效力外，余均暫行援用，以資遵守。此令！中華民國元年三月初十日即壬子年正月二十二日。[1]

這其中的關鍵信息很明顯，就是刪除刑律中有關君主國體的條文。此時，南京臨時政府尚未解散，故而自清帝遜位到四月一日南京臨時政府解散，這中間南北兩個政府同時存在。一九一二年三月十七日，南京《臨時政府公報》第四十一號「附錄·電報欄」轉載了袁世凱的就職電與五道命令，其中就有關於「暫准援用新刑律令」的總統令文，與北京臨時公報完全相同。

---

[1] 第二歷史檔案館編：《南京臨時政府遺存珍檔》（第 4 冊），鳳凰出版社 2011 年版，第 1344 頁。

就南京臨時政府繼續存在的意義與時限，臨時大總統孫文表示得很明確：為確保共和之實現，必「俟各國承認後，始行解職」。南京臨時政府此時還以政府的形式運轉。故而，在轉載了袁政府令之後，三月二十四日，臨時大總統孫文也向南京臨時政府提交關於刑律的呈文，據其稱，乃伍廷芳所上：

> 竊自光復以來，前清政府之法規既失效力，中華民國之法律尚未頒行，而各省暫行規約，尤不一致。當此新舊遞嬗之際，必有補救方法，始足以昭劃一而示標準。本部現擬就前清制定之民律草案、第一次刑律草案、刑事民事訴訟法、法院編製法、商律、破產律、違警律中，除第一次刑律草案關於帝室之罪全章，及關於內亂罪[1]之死刑，礙難適用外，余皆有民國政府聲明繼續有效，以為臨時適用法律，俾司法者有所根據。謹將所擬呈請大總統咨由參議院承認，然後以命令公布，通飭全國一律遵行，俟中華民國法律頒佈，即行廢止。是否有當，尚乞鈞裁施行。[2]

南京臨時參議院於一九一二年三月二十五日開始討論該案，四月三日議決《新法令未頒佈以前暫適用舊有法律案》，內云：「本院四月初三日開會決議，僉以現在國體既更，所有前清之各種法規，已歸無效。但中華民國之法律，未能倉猝一時規定頒行。而當此新舊遞嬗之交，又不可不設補救之法，以為臨時適用之資。此次政府交議，當

---

[1] 從伍廷芳呈文至孫文提交議案，內均有擬刪「內亂罪」之文，唯後來議決案未涉及，不知何故。

[2] 廣東省社會科學院歷史研究室等編：《孫中山全集》（第2卷），中華書局2006年版，第276頁。

新法未經規定頒行以前，暫酌用舊有法律，自屬可行，所有前清時規定之法院編製法、商律、違警律，及宣統三年頒佈之新刑律、刑事民事訴訟律草案，並先後頒佈之禁煙條例、國籍條例等，除與民主國體牴觸之處，應行廢止外，其餘均准暫時適用。惟民律草案，前清時並未宣佈，無從援引。嗣後凡關於民事案件，應仍照前清現行律中規定各條辦理。唯一面仍須由政府飭下法制局將各種法律中，與民主國體牴觸各條簽注後簽改後，交由本院議決，公布施行。」[1] 當然，南京臨時參議院旋即解散，此後的刪改工作是由北京政府完成的。

北京政府法部為了具體執行三月十日袁世凱發佈的臨時大總統令，[2] 於三月二十八日擬制《法部呈請刪修刑律與國體牴觸各章條等並刪除暫行章程文》：

> 查新刑律與民國國體相牴觸之處，有關涉全章者，有關涉全條者，有關涉某條中之某款者，亦有僅關涉條文中之數字者，自非悉加修正，不足以昭國體而期劃一。惟修正之法，有法理上之修正，有法文上之修正。蓋新刑律本非為民國而定，其刑罰輕重之是否適當，實為一大問題。而因國體不同，其牴觸者固屬應變，其闕如者尚屬應增。前之問題，須提出民國法律案於正式國會議之。後之問題，亦須提出修正案於臨時參議院議之。是二者均屬法理上之修正，而皆非目前所及為之事。惟斷訟逐日發生，審判難容瞬息，勢不得不思急就，則惟有修正法

---

[1] 《參議院議事錄、參議院議決案彙編》，北京大學出版社1989年版，第119頁。

[2] 此時俞廉三尚擔任修訂法律大臣一職。不同於多數大臣於清帝遜位之前即稱病不出，民國成立，俞廉三才稱病卸任修訂法律大臣職務，並於1912年3月21日由袁世凱照准，見《北京臨時大總統發佈袁世凱有關委任雷震春為護軍使並准俞廉三開去修訂法律大臣差缺的命令通典第四百八十九號》，參見第二歷史檔案館編：《南京臨時政府遺存珍檔》（第5冊），鳳凰出版社2011年版，第1590頁。

文一法，由法部擬定作為暫行，俟臨時參議院成立，再行提議，庶可免施行之困難，而亦不致侵越立法之權限。茲經酌擬刪除條款字句及修正字面各節，如蒙核准，即由法部通飭京外司法衙門遵照。[1]

緊接下文「計開」之後，即列舉應刪除各章條字句清單。三月三十日，袁世凱對上述法部呈文作出批示：「據呈已悉，所擬刪除各條款字句及修改字面各節，既系與民國國體牴觸，自在當然刪改之列。至暫行章程應即撤銷。由該部迅速通行京外司法衙門遵照，此批。」[2]北京政府法部在接到臨時大總統袁世凱的上述批示後，發佈了《法部通行京外司法衙門文》。[3]

短短一月之內，南北兩政府都發佈了關於刑律的命令，且都是關於國體問題的。對比雙方法令，一個不能忽視的問題是對《暫行章程》的態度。袁世凱政府修訂暫行刑律，不僅刪改有關國體問題的條文，而且還將清末新刑律爭論之成果《暫行章程》一併刪除：

> 抑更有進者，新刑律後附暫行章程五條，或違死刑唯一之原則，或失刑當其罪之本意，或干涉各人之私德，或未諳法律之解釋，即以經過法而言，亦無法律章程兩存之理。以上雖無關

---

[1] 《法部呈請刪修刑律與國體牴觸各章條等並刪除暫行章程文》，載蔡鴻源、孫必有整理：《臨時公報》（第 2 輯），江蘇人民出版社 1982 年版，第 36 頁。

[2] 蔡鴻源、孫必有整理：《臨時公報》（第 2 輯），江蘇人民出版社 1982 年版，第 36 頁。

[3] 筆者曾於國家圖書館古籍部檢得一毛筆刪改本，基本為字句修改，比如各條中「帝國」改為「中華民國」，第 81 條冒犯皇室罪全刪。與後來司法部頒佈的岡田朝太郎編輯本一致。唯一差別的地方是，國家圖書館手改本後附服製圖沒有改動跡象，而官方頒佈的標準本則沒有服制圖。

於國體，當茲法令新頒，斷不可留此疵類，自應一概刪除，相應繕單呈請大總統迅速批示可也。[1]

清末之新刑律增入附則五條，本為法部調停禮教條文存廢引發的爭議而加。「惟中外禮教不同，為收回治外法權起見，自應採取各國通行常例，其有施之外國不能再為加嚴，至背修訂本旨，然揆諸中國名教，必宜永遠奉行勿替者，亦不宜因此致令綱紀蕩然，均擬別輯單行法，籍示保存，是以增入《附則》五條，庶幾溝通新舊，彼此遵守，不致有扞格之虞也。每條仍加具按語，而於各簽注質疑之處，分別簽覆。」[2]短短的五條附則，具有重要意義。對未加附則的《大清刑律草案》，持舊派立場的劉錦藻云：「此編全系剽竊日本成法，並未將中國民情風俗法令源流通籌熟計酌量變通。」對於法部加上附則的提議，劉錦藻則大為讚賞，認為這是「補救之計」。[3]其後這五條附則歷經刪修，終於以《暫行章程》形式發佈[4]，在新派看來，「有此暫行章程，而新律之精神盡失」[5]。

《暫行章程》的詳細意義不遑深究，其大端確蘊含「明刑弼教」之義，主要精神即為對君親有犯須加重其刑。例如，第八十九條為因過失有犯第一章帝室之罪者之量刑，草案原定擬為「處二等或三等有期徒刑

---

[1] 《法部呈請刪修刑律與國體牴觸各章條等並刪除暫行章程文》，載蔡鴻源、孫必有整理：《臨時公報》（第 2 輯），江蘇人民出版社 1982 年版，第 36 頁。

[2] 廷傑、沈家本：《上〈修正刑律草案〉疏》，載李貴連：《沈家本年譜長編》，山東人民出版社 2010 年版，第 257 頁。

[3] 劉錦藻：《清朝續文獻通考》，上海古籍出版社 2002 年版，第 9918 頁。

[4] 《暫行章程》與《附則》5 條大旨相同而微異，具體區分可參見陳新宇：《〈欽定大清刑律〉新研究》，載《法學研究》2011 年第 2 期。

[5] 江庸：《五十年來中國之法制》，載上海申報館編：《最近之五十年》，申報館 1923 年 2 月特刊，第 1-26 頁。

## 第四章　禮憲之爭：尊親條文的依次退去 | 133

或三千元以下三百元以上罰金」，《暫行章程》第一條則規定為仍用斬。第三百一十二條則為對於預謀傷害尊親屬的規定，《暫行章程》第一條亦准以用斬。此斬刑的意義就是對尊親之義的重視。至於《暫行章程》第五條，對比法律館原案，其尊崇禮教的意思非常明顯。

新刑律的《暫行章程》在清末起到暫時止爭的作用。劉錦藻認為清末之刑律草案，「其中不合之處，大端有三：一曰名分顛倒；二曰服制紊亂；三曰禮教陵夷」。合而觀之，此三項實際就是對禮教之尊尊親親原則的背離。只是由於律中服制僅有親之意義，故劉錦藻將之單獨列為一項。民國初立，萬象更新，「溝通新舊」之用的《暫行章程》雖少有關於國體的內容，但仍被視為「疵類」，完全刪除，這清楚地表明民國在國家制度方面的態度：全面趨向西方。新刑律草案的總負責人沈家本在民初備受推崇。據其日記，民國元年五月底至六月初，受命組閣的陸征祥先後五次派人敦請沈家本出任司法總長。沈家本均以年老辭。[1]對比清末，民國政府的刪除理由也毫無新意，基本上是沈家本當年之論，即以現代法理原則消除刑律中的禮教內容。

這樣經過刪改的新刑律即為民初之《暫行新刑律》。標準本為司法部發佈，岡田朝太郎所定，正式施行日期為一九一二年五月二十九日。[2]據唐萃芳言，此案「因未經國會通過，故冠以暫行二字」[3]。這一階段刑律修改的脈絡，即由刪除涉及帝制的條文而一併刪除親屬條

---

[1] 李貴連：《沈家本年譜長編》，山東人民出版社 2010 年版，第 303 頁。

[2] 〔日〕岡田朝太郎編輯：《中華民國暫行新刑律》，上海圖書館藏 1912 年版，第 135 頁。

[3] 唐萃芳：《暫行新刑律評論》，北京大學印刷課 1925 年版，第 5 頁。唐氏對此案感嘆道：「施行迄今，歷時十有餘年，雖曰流弊，未免不無可議，然視我國昔時各法典歷代相因，不合時變，其進步固未可以道裡計也。吾國刑律，至此遂沾歐化，已與法國革命後十九世紀歐洲刑法之旨趣相同矣。惟吾國固有之中國法系，遂即日益沉沒不能復興，與羅馬日耳曼諸法係爭雄於歐亞大陸之上也，噫！」

文。由國體問題而導致禮教條文在民初刑律中全面退去。[1]

## (三) 帝制與禮教回潮:《補充條例》與《刑法第一次修正案》

民國初立引進共和國體之後,袁世凱政府的禮教氣氛漸濃,同時加強總統權力與國體變更的氣氛亦更濃。一九一三年年初,袁政府頒佈《整飭倫常令》,聲稱「中華立國,以孝悌忠信禮義廉恥為人道之大經」。這一變化也體現在刑律中。一九一四年十二月二十四日,袁政府頒佈針對刑律的《補充條例》,共十五條,其中涉及刑律中親屬內容的有以下幾條:

> 第一條:刑律第十五條於尊親屬不適用之,但有左列情事之一者不在此限:
> 一、嫡母繼母出於虐待之行為者
> 二、夫之尊親屬出於義絕或虐待之行為者
> 第六條:和奸兩家無夫婦女者處五等有期徒刑或拘役,其相姦者亦同。前項之罪須相姦者之尊親屬告訴乃論,但尊親屬事前縱容或事後得利而和解者,其告訴為無效。
> 第八條:尊親屬傷害卑幼,僅致輕微傷害者得因其情節免除其刑。
> 第十一條:行親權之父或母得因懲戒其子請求法院施以六個月以下之監禁處分,但有第一條第一款情事者不在此限。

---

[1] 《司法部令申報新刑律施行日期文》:「……此項新刑律及修正牴觸各條既未另定施行日期,自應以公布之日為施行期。但全國交通未便,不得不分別辦理,均應自接到或按照事例應能接到政府公報及法律原文之日為施行期。斷難任聽各省自定施行日期,致滋歧異,為此通令京外各該司法衙門一體遵行,並將該號公報及前法部頒發新刑律期日申報可也。」上海掃葉山房:《政府公報分類彙編》1915 年第 15 期,第 39 頁。

> 第十二條：刑律第八十二條第二項及第三項第一款稱妾者，於妾准用之，第二百八十九條稱有夫之婦者，於有家長之妾准用之。本條例第一條第二款稱夫之尊親屬者，於妾之家長尊親屬准用之，第五條稱妾，子孫之婦及同居之卑幼者，於己之妾、子孫之妾及同居卑幼之妾准用之，第八條稱卑幼者於卑幼之妾准用之。[1]

從很多方面看，這一《補充條例》都有民國初立所刪除之《暫行章程》的影子。僅僅從文本內容看，前人也傾向認為：「《暫行新刑律補充條例》十五條，其內容與清法部尚書廷傑所加之附則五條大致相同而加以擴充。」[2]這是禮教條文在刑律中的第一次回潮。

對《暫行新刑律》正文的修改也在計劃中。民國初立曾短暫擔任司法部部長的梁啟超云：「抑立國大本，首在整飭紀綱，齊肅民俗，司法與教育，實其最要之樞機也。今之稍知治體者，咸以養成法治國家為要圖，然法治國曷由能成，非守法之觀念普及於社會焉不可也。守法觀念如何而始能普及，必人人知法律之可恃，油然生信仰之心，則自凜然而莫之犯也。故立憲國必以司法獨立為第一要件……為今之計，謂宜參酌法理與習慣，制定最適於吾國之法律。」[3]

---

[1] 《大總統申令參議院議決暫行刑律補充條例》，北京市檔案館藏「中華民國三年十二月二十四日」件，署名「大總統徐世昌」。唐萃芳云：「無夫和奸罪暫行律本不處罰，惟補充條例施行以來，始添此蛇足也。……純然之私通苟合與有夫姦罪侵害室家之和平者不同，只宜讓諸家庭或學校之教育與興論之制裁；蓋此種行為，惟禮教始得防閑，非刑罰所可矯正也。」參見唐萃芳：《暫行新刑律評論》，北京大學印刷課1925年版，第32頁。

[2] 謝振民編著：《中華民國立法史》，張知本校訂，中國政法大學出版社2000年版，第887頁。

[3] 《政府大政方針宣言》，載《庸言》第1卷第21號。參見丁文江、趙豐田編：《梁任公先生年譜長編（初稿）》，中華書局2010年版，第359頁。

進入民國，法典編纂職司歸併於法制局，後來因為司法法規與行政法規不同，故而析出由法曹專責其任，即法律編查會。民國三年（1914），袁世凱政府的法律編查會成立，此會實即前清修訂法律館之延續。此會由司法總長章宗祥任會長，由參政院參政汪有齡兼法律編查會副會長，其後董康以大理院長加聘為副會長。法律編查會以刑法「最關緊要，首先提議修正」，並聘請日本岡田朝太郎博士參與此項工作以資熟手，「時閱八月全編告成」，其時為民國四年（1915），是為《修正刑法草案》。該草案以民元之《暫行新刑律》為底本進行修改，綜計修改各條約占十分之五六並附具理由說明其損益之故。章宗祥等於該年二月十二日呈進修正刑法草案，聲明所有修正理由書，應俟編齊後，送至法制局查核。[1] 該案於民國四年（1915）二月十七日呈請袁大總統飭下法制局照章審核後提交參議院核議。[2] 當日，大總統批令呈悉：「縷陳各節，深中肯綮，所呈《修正刑律草案》存俟審核後，再行提交議決。」從此案之後，「刑律」一律改稱「刑法」。[3]

雖然主持此案的法律編查會「為留東學生所盤踞」[4]，且人員配備又多承前清修訂法律館，然此次修正要旨，仍為重視禮教。「昔東漢卓茂有言曰：『律設大法，禮順人情』，故夫刑法之設，所以制裁不法之行為，而要與其國俗相維繫，誠使整齊一國之法制，內有以葆

---

1 何勤華、魏瓊編：《董康法學文集》，中國政法大學出版社2005年版，第4-5頁。

2 此處日期據謝振民：《中華民國立法史》，中國政法大學出版社2000年版，第888頁。《董康法學文集》之《修正刑法草案理由書》呈文時間為「中華民國四年四月十三日」。參見何勤華、魏瓊編：《董康法學文集》，中國政法大學出版社2005年版，第1頁。

3 原案沿前清之舊名曰「刑律」。晚清以來知識脈絡中的由「律」連接「法」的思路最終在刑律名稱中得到確認。

4 沃邱仲子：《民國十年官僚腐敗史》，中華書局2007年版，第31頁。

其善俗,外有以規乎大同,斯其法方為良法。中國數千年來,以禮教立國,昔人所謂禮之所去,刑之所取,則立法自必依乎禮俗。」故此,「一代之法典,緣一代之政體而生」,[1]「立法必依乎政體」。此次修正,「大都擷舊律之菁英,而變異其面目。卓卓數大端,既粗述其梗概,余雖略有損益,要與閎旨無關」。「舊律之菁英」,首要的即是在律文中對親屬範圍和量刑進行重新規定:

> 一則於總則增入親族加重一章。中國舊律首重服制,除祖父母、父母外,其於期親以下有犯,俱視尋常加嚴。原案分則各條對於尊親屬,亦間有特別處罪之文,而旁系親並不在內。雖曰刑期類分等級,如干犯伯叔父母、姑及姊等項,僅可由裁判官處以較重之刑,然究不如明定條文較為劃一。故修正案定為對於直系尊親屬犯罪者,加重本刑二等,對於旁系尊親屬犯罪者,加重本刑一等,並規定因親屬而加者,許其加至死刑,核與舊律之精神,殊無差異。
> 一則於直系尊親屬內加入「外祖父母」一項。東西各國民法,母黨與父黨並尊,外祖父母為母之所自出,中國服制雖屬小功,而刑律人命鬥毆訴訟各門,往往與期功尊長並論,且有上同祖父母、父母者,因母之所尊而尊之,初不得疑為二本也。
> 依據服制申嚴風紀,要皆返之人心而同,然所謂維持禮俗者,此也。

---

[1] 民國初立,所謂政體與國體的區分並不嚴格,時人多混用之,比如清遺老給袁世凱上書言:「共和宣佈,系政體之更易,並非清室之已亡。」此處「政體」一詞等同前文所論「國體」。

喪服制度是舊律禮教精神的核心，今修正案明揭「依據服制」，則親屬範圍必要調整。翻檢修正案，其修改大端有兩處：一處是在總則中加入「親屬加重」一章，另一處則是自清末以來就紛爭不斷的「尊親屬」與「親屬」範圍條文。

首先是「親屬加重」章。其條目僅一條，即修正案第五十條：「對於直系尊親屬犯罪者，依分則所定加重本刑二等。對於旁系尊親屬犯罪者，依人[1]則所定加重本刑一等。」其後按語云：「吾國素重倫紀、卑幼、尊屬。除祖父母、父母外，即期功亦較常人加嚴。原案分則中關於尊親屬俱設特別規定，所以未著旁系尊屬者以科刑，採裁量注意，本可臨時擇定。初非故予輕科，今既縮小範圍，自應增纂以免疏漏而釋疑義。第散見各門稍涉繁複，故於總則特設一章，仍別親疏為加二等、一等之法。」如此，則「舊律之精神包舉靡遺」。[2]

其次是「尊親屬」與「親屬」範圍，集中體現在修正案總則第八十條。草案案語謂：親屬例原案僅尊親屬及親屬兩項，至為單簡，今親屬加重不僅限於直系，自應分別規定。茲大旨分為三層：

一、直系尊親屬。原案無外祖父母一款，外祖父母服雖小功，究系母之父母，在舊律犯謀殺，與祖父母、父母同科；犯毆亦同期親尊長。原案以母系而斥之，誤也，今增入。

二、旁系尊親屬。本宗服圖旁及緦麻無服，而舊律實際之加重，僅限於期功，故從前秋審服制刪除緦麻不在其列，茲師其意仍以功服為斷。既區直系、旁系，則泛稱尊親自兼

---

[1] 疑為「分」。

[2] 《修正刑法理由書附刑法草案》案語，載何勤華、魏瓊編：《董康法學文集》，中國政法大學出版社2005年版，第22頁。《董康法學文集》中原文為「舊律之精神包舉靡遺失」。按：「失」字疑「衍」。

包兩項而言矣。

三、親屬。通稱仍依原案,並准舊制增入「為人之對於本生尊親屬及旁系降等」之規定,又妻於夫之尊親屬與夫同,原指直系。查舊律「謀殺祖父母、父母」條、「妻妾與夫親屬相毆」條皆同於夫,則旁系尊親屬亦宜一律,應移於旁系尊親屬後作為第五項,藉資該載。又第三百零六條有「和奸本宗緦麻以上親屬」之規定,按舊律「親屬相奸」條,並及其妻名分所關,防範尤切,並非只嚴於血族。茲並詮釋明晰,以免疑議。本條經此次增補,舊律之精神,無累黍之差矣。[1]

---

[1] 第八十條稱直系尊親屬者,謂下列各人:
一、高曾祖父母。
二、祖父母。
三、父母。
四、外祖父母。
為人後者於本生直系尊親屬,除前項第四款外,仍以直系尊親屬論。
稱旁系尊親屬者,謂本宗下列各人:
一、伯叔祖父母及在室祖姑。
二、伯叔父母姑、堂伯叔父母及在室堂姑。
三、兄姊、堂兄姊、再從兄及在室再從姊。
為人後於本生親屬降等者,以所降之等論。
妻於夫之尊親屬與夫同。
稱親屬者,謂尊親屬及下列各人:
一、夫妻。
二、本宗服圖期服以下者。
三、外親服圖小功以下者。
四、妻親服圖緦麻以下者。
五、妻為夫族服圖大功以下者。
六、出嫁女為本宗服圖大功以下者。
稱尊親屬者,兼包直系旁系而言。
稱本宗緦麻以上親屬者,兼包其妻而言。」

"法律編查會在以服制原則恢復親屬條文之外,似為配合大總統權力之上升,而加「侵犯大總統罪」一章。「共和之國本無君臣之名分,然而政事有從出焉,責任有攸歸焉。一國之元首既胥一國而推舉之,自應胥一國而尊敬之,若美若法為今日共和先進國,其於本國之首出者,無不極致其尊崇,准斯以相權。故於分則首增『侵犯大總統罪』一章,凡以明有尊也。此關乎政體者,一也。」此隱含有恢復舊律尊君之義,唯稱帝一事瞬息失敗,未顯示在刑律修訂中。「尊」與「親」兩方面加起來,正是所謂「合於舊律精神」。時人之評論亦謂:「洎補充條例出,而新刑律之主義精神破壞無遺矣。」[1]

對於北洋政府來說,《補充條例》與《刑法第一次修正案》皆以恢復禮教為旨歸,對此,受過西方法學訓練的一代學人頗有批評。先是吳貫因在《大中華》上撰文批駁,其後劉相無繼之,並以「與最近刑法學之趨向甚形一致」為肯定吳說之理由。「要補充條例中奇荒謬不倫之處有目共見,今請從吳君之後一一指陳之。」劉相無針對的條文為「消滅卑幼之正當防衛權」,認為其錯誤乃是未區分公權與私權:「父子自父子,人權自人權,雖天性之親,不過恩情之關係,屬於私人權,乃天所付與,為法律上至關係,屬於公,故恩情與人權無涉,不得坐是為消滅防衛權之理由也。」其背後所依據的是人權思想:「凡諸原理,皆關人權不可侵,防衛出自然,故不問對諸何人,皆不得削減……此種條例真可謂蹂躪人權不近人情紊亂法序而

---

參見《修正刑法理由書附刑法草案》,載何勤華、魏瓊編:《董康法學文集》,中國政法大學出版社 2005 年版,第 29 頁。整理本標點多有錯誤,核以民國五年法律編查會稿《修正刑法草案》,據改多處。參見修訂法律館編:《法律草案彙編》(下冊),北京大學圖書館古籍部藏 1926 年版,第 17 頁。

1 戴成祥:《論暫行刑律補充條例之效力》,《太平洋雜誌》1917 年第 3 期。

已。」[1]但是，這類批評於實際政治進程無足輕重。

那麼，此次修訂案如何處理與《補充條例》的關係？推之常理，後出之修正案應吸收《補充條例》的內容，事實也確實如此。民國四年（1915）章宗祥等上《修正刑法草案理由書》云：「一則採擇補充條例，纂入限制正當防衛及無夫姦二條[2]，對現在不正之侵害，而出於防衛權利之行為，本屬舊律擅殺擅傷之義，然使遇有尊親屬相犯，而亦援用之，實大背中國之禮教。若姦通無夫之婦，原案根據外國法典不列正條，自前清資政院以來，久滋爭議，今各依類編入，庶足以壓輿論。」

對《補充條例》評論時，江庸曾說道：「至三年十二月二十四日，復頒行暫行新刑律補充條例，模仿暫行章程而加以擴充。蓋是時國會解散，袁氏漸有帝制自為之心思，思以禮教號召天下，重典協服人心，故不慊於新刑律，將刑罰分別加重。」[4]江庸的這一論斷明確將刑律中禮教原則的加重與袁氏的帝制意圖相聯繫。至《刑法第一次修正案》，服制條文再次入律，帝制運動也加快步伐。由刑律部分恢復服制條文到走向帝制，也確是此後歷史的事實。

### （四）小結

傳統中華政治理想奠基於禮教原則。禮教之核心在君與親，「明

---

[1] 劉相無：《讀暫行刑律補充條例一》，《甲寅》1915年第10期。

[2] 實則此修正案「採擇補充條例」的不僅限於這兩條。比如修正案對於《補充條例》第9條「略賣親屬」內容的吸收，具見修正案第364條及365條。限於篇幅，不詳細討論。

[3] 謝振民的《中華民國立法史》所收為「不當」，似更合理。此處暫從整理本《董康法學文集》。

[4] 江庸：《五十年來中國之法制》，載上海申報館編：《最近之五十年》，申報館1923年2月特刊，第1-26頁。

刑弼教」的立法原則即是對這一理想的律法保障。辛亥革命給中國製度帶來了一系列的變化，一代革命菁英將政治目標指向君之存廢，各方圍繞國體問題擾攘不已。傳統禮教原則下的政治運作不能維持，並在思想層面帶來諸多問題。最顯性的問題是，君去則禮教何以自存？歷史的進程是，民國初立國體變更帶來刑律中禮教條文的變動。初期配合共和國體，禮教內容在《暫行新刑律》中次第刪除，帝制回潮階段，禮教其主要脈絡乃是有關君親的條文一榮俱榮一損俱損。

在禮治秩序所設想的政治理想中，君主制度具有重要意義。而在禮教的政治理想之外，則是秦以來專制君權的不斷提升以至越出禮法之外並以禮教相文飾的歷史事實，這也是辛亥革命目標指向廢除君主制的重要原因。一句話，專制制度與禮教政治的核心皆在君權。問題的複雜性也正在這裡，君權固然集中體現了秦以來的專制制度，但同時亦為兩千年來禮教理想之所繫。傳統時代禮教思想內部構建的君權與民情相勾連，並與專制君權一體共生的糾葛，乃是傳統中國向現代轉型所面臨的獨特的思想困局。奠基於君親的中國制度理想，如何在共和時代保持自己的內在活力這一難題，在此後的民國政治中一直隱約可見。

# 結語：禮、法、憲

　　傳統中國律典指導原則為「明刑弼教」，這是思考近代中國刑律變遷的思想基點，其背後反映的國家治理論題為「禮」與「法」的關係。近代之變，外來治理因素強勢進入，其中的核心治理要素為「憲」，它促使傳統中國治理體系發生大規模轉換。圍繞清末刑律變革而來的思想爭論，從根本上說，是「禮」、「法」、「憲」三種高階原則的交鋒。

　　在傳統語境中，「禮」高於「法」。律學家謂「議律必自議禮始」。其根本原因在於，儒生相信禮之興乃聖人「緣民情」所作而律典則不是。「民情」之大端在於「君」與「親」。「經禮三百，曲禮三千」，關於「君」、「親」二系最集中的體現就是《喪服》。所以，清代律學大家多治《喪服》，蓋非此無以言律。相關內容體現在刑律條文中，就是關於親屬與皇室兩方面的異於凡人的規定。「刑以弼教」，是以「弼護」這一內容為核心。從某種程度上說，帝制時代律典的內在張力就在於通過禮之隨時損益制約律條以反映「民情」。

　　進而言之，禮學中「君」、「親」二系具有內在的思想勾連。《論語》謂：「其為人也孝悌，而好犯上者，鮮矣；不好犯上，而好作亂者，未之有也。」故此，律典中「君」、「親」二者條文的變動深刻相關。針對《大清新刑律》幾乎全棄「服制」，劉廷琛云：「今父綱、夫綱全行廢棄，則人不知倫理為何物，君綱豈能獨立，朝廷豈

能獨尊？」[1]他表述的正是這一層內容。辛亥之變前後律典中親族條文與現實中君主制的相互呼應，亦可為註腳。

　　面對「預備立憲」，首要的思想議題就是認識「禮」與「憲」的關係。宣統元年（1909）上諭內閣各部院衙門擬奏慈禧尊謚，論及其文治武功有云：「比者頒佈立憲年限，薄海歡呼。此實遠紹唐虞三代好惡同民之心傳，一洗秦漢以來權術雜霸之治體。」[2]及至民國初立，袁世凱亦以「闢清秦制」為職志。這些雖有表面文章的性質，但其背後的思想指向仍值得重視，就是溝通「禮」與「憲」而抑制「法」。因為在傳統語境中，「禮」教秩序的歷史指向就是「唐虞三代」，而「法」家秩序就是「秦制」。俞廉三等奏民律編輯宗旨有云：「求最適合於中國民情之法則，立憲國政治幾無不同。而民情風俗，一則由於種族之觀念，一則由於宗教之支流，則不能強令一致，在泰西大陸尚如此區分，矧其為歐亞禮教之殊，人事法緣於民情風俗而生，自不能強行規撫，致貽削趾就履之譏。是編凡親屬、婚姻、繼承等事，除與立憲相背酌量變通外，或取諸現行法制，或本諸經義，或參諸道德，務期整飭風紀，以維持數千年民彝於不敝。」[3]這是在民律修訂中貫徹「禮」、「憲」溝通、關照「民情」的嘗試，雖然這一嘗試也難稱成功。

　　在刑律修訂中，自《大清刑律草案》以來，壓倒性的觀念乃是作為「憲政始基」的新刑律應該全面清除禮教因素。這體現了「禮」與「憲」的對立，在「禮」、「憲」對立的背後，「憲」與「法」結合

---

1　劉錦藻：《清朝續文獻通考》，載《續修四庫全書》（第767冊），上海古籍出版社2002年版，第9937頁。

2　《宣統政紀》（第1卷），臺北文海出版社1986年版，第16頁。

3　故宮博物院明清檔案部編：《清末籌備立憲檔案史料》，中華書局1979年版，第912頁。

在一起。這「法」乃是傳統語境中低於「禮」之「法」，而非西方學術脈絡中的「法理」之「法」，也就是「法家」律令體系之「法」。

清廷官方以外，「立法理性」主導下的新式讀書人以尋求富強為號召，引入各種西方學說，從思想層面批判舊有的禮教理想。學人們由於傾慕西方「法治國」的理念而大力發掘古代中國思想資源中的「法」家思想。[1]實際上，將西方的「法治」、「法理」對照於「法家」申韓之學，恐怕是一種誤讀。嚴復早有觀察，「西文『法』字，於中文有理、禮、法、制四者之異義」，「西文所謂法者，實兼中國之禮典」，因此他特意告誡中國學人要「審之」。[2]然而，這一點從來沒有在近代中國律典變革的紛紛擾擾中得到一絲回應。

傳統中國國家治理體系由德禮政刑諸要素所型構，其中又以禮教為主幹通達「天理」、「民情」。二十世紀中國歷史發展的一個顯著脈絡是禮教原則從社會各個層面退去。進入民國，作為禮教核心原則的君親條文在刑法典中刪除。然而，問題在於傳統刑律中蘊含的禮教因素被「憲」與「法」的原則擠壓掉之後，通過「禮」而關注「民情」的維度也一併喪失，而新的國民道德與法律治理之內在關聯卻沒有真正建立。在現代法的運作體系中，對立國原則問題的解決方式是訴諸憲法條款或一般原則條款，對「民情」之重視則是倚重部門法的

---

[1] 朱蘇力考辨中文世界中「法」的解釋，認為晚清以來將西文之「law」對譯為中國之「法」，背後反映的「不僅僅與一些試圖確立法學之學科地位的最早的法學家的利益相聯繫，與之相聯繫的還有一大批因社會變革和轉型而受到觸動的清王朝官吏以及準備入仕的新舊知識分子。如果西方的『法』不同於中國之法，那麼這些司掌刑名之術的官吏就制度邏輯而言將『下崗待業』；而一旦西方之法與中國之法相通，那麼這些人就自然而然在新的制度中找到了與舊制度大致相應的位置」。參見朱蘇力：《「法」的故事》，載許章潤主編：《法律的中國經驗與西方樣本》，廣西師範大學出版社2004年版，第23頁。

[2] 嚴復：《孟德斯鳩法意》，商務印書館1981年版，第3-7頁。

法律解釋。[1]但是，民國初年混亂的政治使得約法之治難以實現，西方化刑律也少有中國性，難以顧及「民情」。[2]在引入「憲」的治理要素之後，反而加劇了傳統「明刑弼教」思想所致力解決的律典與民情之疏離這一難題。

---

1 此處承王志強老師指點，特此致謝。
2 參與清末新刑律制訂並在當時主西化的董康在晚年曾對這一引進工作進行反思。其中有兩點內容值得注意：一是認為中國治理傳統更接近英國法。二是又主張刑律以合於禮教為是。「明刑弼教，在今日尤宜嚴格屬行」，「自歐風東漸，關於刑法之編纂，謂法律論與禮教論不宜混合。鄙人在前清從事修訂，亦堅執此旨。革易後服務法曹者十年，退居海上，……始信吾東方以禮教立國，決不容無端廢棄，致令削足就履」。皆引人深思。參見董康：《中國修訂法律之經過》、《刑法宜注重禮教之芻議》，載何勤華、魏瓊編：《董康法學文集》，中國政法大學出版社2005年版，第467、626頁。

# 後記

這本小書是在我的博士論文基礎上形成的。二〇〇九年秋，我有幸進入復旦大學歷史系追隨姜義華先生讀書。在彼時姜老師的課程上，「思想傳統」與「國家治理」已經成為經常出現的關鍵詞。耳濡目染之下，我對中國歷史上的禮法關係這一主題漸生興趣，由此注意到了近代的法律變革問題。在向姜老師匯報過這一想法之後，老師即允准以此作為博士論文選題。隨後就是資料蒐集工作，其間最難忘的經歷是北上京城，奔波於第一歷史檔案館、國家圖書館古籍部、北京市檔案館、北京大學圖書館之間查找第一手資料。史料是歷史學的基本要求。

博士論文完成後，開始並沒有出版的打算。現在正式出版，需要感謝的人有很多。首先是我敬愛的導師姜義華先生。忘不了老師眼睛手術，閉目靜躺在病床上，仍堅持跟我交代論文事宜；忘不了課後靜心整理老師上課錄音，仍不時為其中的卓見擊節叫好；忘不了論文偶獲老師一句讚許之言，即欣喜不已。讀博幾年伴隨姜老師左右，愈益感受到先生對中國歷史與社會的深厚洞察力與海納百川的氣度。能夠忝列姜先生門牆，是我人生路上的幸運，唯先生之才識行止，有可學而至，有不可學而至，學生資質駑鈍，只有勉力為之，所學不精之處，誠恐有辱師教。

感謝復旦大學歷史系諸位老師在史學方面的鞭策教誨，感謝中國

政法大學陳煜老師、復旦大學王志強老師在法學方面的不吝點撥，還要特別感謝曾亦老師在禮學方面的授業解惑，感謝李若暉老師在思想與文獻方面的指示門徑。此外，我還必須向本論題的諸位研究先進致敬，尤其是丁凌華先生、陳新宇先生、李欣榮先生。湖州的高勇年先生得知筆者要撰寫與沈家本有關的論文，主動在我去湖州蒐集資料的過程中撥冗予以接待，其間更是慨贈一套《沈家本全集》。高先生行誼高古，其熱忱之心，一直令我感懷。

　　畢業以來，對博士論文的修改，在斷斷續續中進行。今借出版之機，復將歷次修訂整理一過。隨著年齡的增長，我的研究興趣也漸漸發生了一些轉變，但問題域還是此書所開。這也是博士論文給予我的一個意外收穫。此為後話。

　　因緣際會，小文得以在復旦大學出版社出版，在此特別感謝本書編輯張煉女士。她極為認真負責的審讀態度尤令我感佩。當然，我深知小文仍有許多不足之處，其中一切可能存在的錯誤，概由我一人負責。

# 參考文獻

## 一　典籍及工具書

〔漢〕鄭玄注，〔唐〕賈公彥疏：《儀禮注疏》，王輝點校，上海古籍出版社2008年版。
〔唐〕杜佑：《通典》，王文錦等點校，中華書局1988年版。
〔唐〕長孫無忌等：《唐律疏議》，劉俊文點校，中華書局1983年版。
〔宋〕司馬光：《資治通鑑》，標點資治通鑑小組點校，中華書局1956年版。
〔明〕姚思仁：《大明律（附例註釋）》，北京大學出版社1993年影印版。
〔清〕胡培翬：《儀禮正義》，段熙仲點校，江蘇古籍出版社1993年版。
〔清〕阮元：《十三經註疏》，中華書局2003年影印版。
〔清〕孫詒讓：《周禮正義》，王文錦等點校，中華書局1987年版。
〔清〕劉寶楠：《論語正義》，高流水點校，中華書局1990年版。
〔清〕鄂爾泰：《欽定三禮義疏》，浙江書局同治刻本。
《清實錄》，中華書局1987年影印版。
《續修四庫全書》，上海古籍出版社2002年影印版。

「國史館」校註：《清史稿校注》，臺灣商務印書館 1999 年版。

《清史稿》，中華書局 2003 年版。

楊伯峻：《春秋左傳注》，中華書局 1990 年版。

黃懷信整理：《尚書正義》，上海古籍出版社 2007 年版。

姜義華譯註，黃俊郎校閱：《新譯禮記讀本》，臺北三民書局 1997 年版。

楊天宇：《儀禮譯註》，上海古籍出版社 2004 年版。

錢玄、錢興奇：《三禮辭典》，江蘇古籍出版社 2003 年版。

錢玄：《三禮通論》，南京師範大學出版社 1996 年版。

宗福邦、陳世鐃、蕭海波等：《故訓彙纂》，商務印書館 2003 年版。

法律出版社編：《中國法律圖書總目（1999-2000）》，法律出版社 2002 年版。

北京圖書館編：《民國時期總書目（法律）》，書目文獻出版社 1990 年版。

## 二　報刊、政府公報資料

《萬國公報》、《大公報》、《時報》、《申報》、《法政學報》、《國風報》、《東方雜誌》、《庸言》、《太平洋雜誌》、《神州日報》、《中華法學雜誌》、《法學會雜誌》、《法政雜誌》、《文化建設》、《甲寅》、《中華報》、《安徽教育行政週刊》、《今代婦女》、《匯報》。

《邸抄》、《臨時公報》、《北京政府臨時公報》、《〔北洋〕政府公報分類彙編》、《洪憲公報》、《司法公報》、《北洋官報》、《最高法院公報》、《湖北省政府公報》。

## 三　檔案及歷次法律草案文本

第一歷史檔案館：修訂法律相關奏摺、檔案。
北京大學圖書館古籍部：《司法奏底》。
修訂法律館：《初次刑律草案》，北京大學圖書館藏油印本。
憲政編查館編：《刑律草案簽注彙編》，國家圖書館藏油印本。
佚名輯：《修正刑律案語》，上海圖書館古籍部藏 1909 年版。
憲政編查館：《大清新刑律》，國家圖書館藏 1910 年版。
《欽定大清刑律》，國家圖書館藏 1911 年版。
〔日〕岡田朝太郎編輯：《中華民國暫行新刑律》，上海圖書館藏
　　　1912 年版。
修訂法律館編：《法律草案彙編》，北京大學圖書館古籍部藏 1926
　　　年版。
王寵惠等：《中華民國刑法》，中華印書局 1928 年版。

## 四　個人文集、論著、日記史料

〔宋〕黎靖德編：《朱子語類》，中華書局 1999 年版。
〔清〕魏元曠：《潛園二十四種》，國家圖書館古籍部藏清刻本。
〔清〕趙翼：《廿二史札記》，中華書局 1984 年版。
〔清〕薛允升撰：《唐明律合編》，法律出版社 1999 年版。
〔清〕薛允升：《服制備考》，上海圖書館古籍部藏手稿本。
吉同鈞：《大清現行刑律講義》，京師法政法律學堂用書，北京大學
　　　圖書館閱覽室藏。
吉同鈞：《樂素堂文集》，國家圖書館古籍部藏鉛印本。
徐世虹主編：《沈家本全集》，中國政法大學出版社 2010 年版。

沈家本撰：《沈寄簃先生遺書》，中國書店 1990 年版。
沈家本撰：《沈家本未刻書集纂》，中國社會科學出版社 1996 年版。
沈家本撰：《沈家本未刻書集纂補編》，中國社會科學出版社 2006 年版。
沈家本著：《歷代刑法考》，鄧經元、駢宇騫點校，中華書局 1985 年版。
董康：《新舊刑律比較》，上海圖書館古籍部藏手稿本。
何勤華、魏瓊編：《董康法學文集》，中國政法大學出版社 2005 年版。
姜義華、張榮華主編：《康有為全集》，中國人民大學出版社 2007 年版。
梁啟超：《飲冰室文集》，雲南教育出版社 2001 年版。
梁啟超：《飲冰室合集》，中華書局 1989 年版。
趙德馨主編：《張之洞全集》，武漢出版社 2008 年版。
張之洞：《張文襄公全集》，中國書店 1990 年版。
汪康年：《汪穰卿遺著》，上海圖書館藏 1920 年版。
阮毅成：《政法論叢》，時代公論社 1932 年版。
孟森：《孟森政論文集刊》，中華書局 2008 年版。
秦瑞玠：《大清新刑律釋義》，商務印書館 1916 年版。
許寶蘅：《許寶蘅日記》，中華書局 2010 年版。
嚴修：《嚴修日記》，南開大學出版社 2001 年版。
嚴復：《孟德斯鳩法意》，商務印書館 1981 年版。
沈之奇：《大清律輯注》，懷效鋒、李俊點校，法律出版社 2000 年版。
朱鴻達：《刑法新論》，世界書局 1929 年版。
廣東省社會科學院歷史研究室等編：《孫中山全集》，中華書局

2006 年版。

沃邱仲子：《民國十年官僚腐敗史》，中華書局 2007 年版。

薛福成：《籌洋芻議——薛福成集》，遼寧人民出版社 1994 年版。

譚嗣同：《仁學》，華夏出版社 2002 年版。

王栻編：《嚴復集》，中華書局 1986 年版。

王韜：《弢園文錄外編》，上海書店出版社 2002 年版。

夏東元編：《鄭觀應集》，上海人民出版社 1982 年版。

王樹榮：《考察各國司法制度報告書提要》，上海圖書館古籍部藏太原監獄 1914 年石印本。

唐萃芳：《暫行新刑律評論》，北京大學印刷課 1925 年版。

劉晴波：《楊度集》，湖南人民出版社 1986 年版。

胡星橋、鄧又天主編：《讀例存疑點注》，中國人民公安大學出版社 1994 年版。

## 五　資料彙編

〔清〕賀長齡、魏源：《清經世文編》，中華書局 1992 年版。

〔清〕賀長齡、盛康：《皇朝經世文正續編》，廣陵書社 2011 年版。

〔清〕魏源：《魏源全集》，岳麓書社 2004 年版。

〔清〕徐柯編：《清稗類鈔》，中華書局 1984 年版。

中國第一歷史檔案館編：《光緒宣統兩朝上諭檔》，廣西師範大學出版社 1996 年版。

中國第二歷史檔案館編：《南京臨時政府遺存珍檔》，鳳凰出版社 2011 年版。

故宮博物院明清檔案部編：《清末籌備立憲檔案史料》，中華書局 1979 年版。

秦國經主編：《清代官員履歷檔案全編》，華東師範大學出版社
　　1997年版。
上海商務印書館編譯所：《大清新法令》，商務印書館2010年版。
沈桐生等輯：《光緒政要》，江蘇廣陵古籍刻印社1991年版。
容閎：《西學東漸記》，湖南人民出版社1981年版。
上海申報館編：《最近之五十年》，申報館1923年2月特刊。
陶保霖：《悜存遺箸》，商務印書館1922年版。
上海法學編譯社俞承修輯校本：《中華民國新舊刑法條文比較》，會
　　文堂新記書局1937年版。
黃源盛主編：《晚清民國刑法史料輯注》，臺北元照出版有限公司
　　2010年版。
王鐵崖編：《中外舊約章彙編》，生活·讀書·新知三聯書店1959
　　年版。
上海圖書館編：《汪康年師友書札》，上海古籍出版社1986年版。
中國人民政治協商會議全國委員會文史資料委員會編：《文史資料存
　　稿選編（晚清·北洋上）》，中國文史出版社2002年版。
杜春和等編：《榮祿存札》，齊魯書社1986年版。
懷效鋒主編：《清末法制變革史料》，中國政法大學出版社2010
　　年版。
張枬、王忍之編：《辛亥革命前十年間時論選集》，生活·讀書·新
　　知三聯書店1963年版。
駱惠敏編：《清末民初政情內幕——莫理循書信集：1895-1912》，
　　知識出版社1986年版。
近代史資料編輯部：《吉同鈞東行日記》，《近代史資料》第87
　　期，中國社會科學出版社1996年版。
劉雨珍等編：《日本政法考察記》，上海古籍出版社2002年版。

熊月之編：《晚清新學書目提要》，上海書店出版社 2007 年版。
國家圖書館分館編選：《（清末）時事采新匯選》，北京圖書館出版社 2003 年版。
王健編：《西法東漸——外國人與中國法的近代變革》，中國政法大學出版社 2001 年版。
王寵惠著，張仁善編：《王寵惠法學文集》，法律出版社 2008 年版。

## 六　年譜資料

丁文江、趙豐田編：《梁啟超年譜長編》，上海人民出版社 1983 年版。
李貴連編著：《沈家本年譜長編》，山東人民出版社 2010 年版。
許全勝撰：《沈曾植年譜長編》，中華書局 2007 年版。

## 七　研究著作

程樹德：《九朝律考》，中華書局 1963 年版。
陳寅恪：《隋唐制度淵源略論稿》，中華書局 1963 年版。
呂思勉：《中國社會史》，上海古籍出版社 2007 年版。
錢端升等：《民國政制史》，上海人民出版社 2008 年版。
謝振民：《中華民國立法史》，中國政法大學出版社 2000 年版。
陳顧遠：《中國法制史》，商務印書館 1935 年版。
錢穆：《中國曆代政治得失》，生活・讀書・新知三聯書店 2001 年版。
戴炎輝：《中國法制史》，臺北三民書局 2000 年版。
瞿同祖：《中國法律與中國社會》，中華書局 2003 年版。

楊一凡總主編：《中國法制史考證》，社會科學文獻出版社 2003 年版。

楊一凡主編：《中國法制史考證續編》，社會科學文獻出版社 2009 年版。

蔡樞衡：《中國刑法史》，廣西人民出版社 1983 年版。

費孝通：《鄉土中國生育制度》，北京大學出版社 1998 年版。

費孝通：《中國紳士》，中國社會科學出版社 2006 年版。

姜義華：《理性缺位的啟蒙》，上海三聯書店 2000 年版。

張壽安：《十八世紀禮學考證的思想活力——禮教論爭與禮秩重省》，北京大學出版社 2005 年版。

李鼎楚：《事實與邏輯：清末司法獨立解讀》，法律出版社 2010 年版。

林學忠：《從萬國公法到公法外交——晚清國際法的傳入詮釋與應用》，上海古籍出版社 2010 年版。

許章潤主編：《法律的中國經驗與西方樣本》，廣西師範大學出版社 2004 年版。

鄭秦：《清代法律制度研究》，中國政法大學出版社 2000 年版。

余英時：《朱熹的歷史世界》，生活·讀書·新知三聯書店 2004 年版。

邱遠猷、張希坡：《中華民國開國法制史——辛亥革命法律制度研究》，首都師範大學出版社 1997 年版。

金觀濤、劉青峰：《觀念史研究：中國現代重要政治術語的形成》，法律出版社 2009 年版。

俞江：《近代中國的法律與學術》，北京大學出版社 2008 年版。

陳煜：《清末新政中的修訂法律館：中國法律近代化的一段往事》，中國政法大學出版社 2009 年版。

王志強：《法律多元視角下的清代國家法》，北京大學出版社 2003 年版。

李細珠：《張之洞與清末新政研究》，上海書店出版社 2003 年版。

張培田：《中西近代法文化衝突》，中國廣播電視出版社 1994 年版。

華友根：《薛允升的古律研究與改革——中國近代修訂新律的先導》，上海社會科學院出版社 1999 年版。

武樹臣：《中國法律思想史》，法律出版社 2004 年版。

武樹臣：《中國傳統法律文化》，北京大學出版社 1994 年版。

卞修全：《立憲思潮與清末法制改革》，中國社會科學出版社 2003 年版。

張德美：《探索與抉擇——晚清法律移植研究》，清華大學出版社 2003 年版。

李貴連：《沈家本與中國法律現代化》，光明日報出版社 1989 年版。

李貴連：《沈家本傳》，法律出版社 2000 年版。

李貴連：《沈家本評傳》，南京大學出版社 2005 年版。

高勇年：《法學泰斗沈家本》，浙江人民出版社 2006 年版。

陳柳裕：《法製冰人——沈家本傳》，浙江人民出版社 2006 年版。

張國華主編：《博通古今學貫中西的法學家——1990 年沈家本法律思想國際學術研討會論文集》，陝西人民出版社 1992 年版。

張廣興、公丕祥編：《20 世紀中國法學與法制現代化》，南京師範大學出版社 2000 年版。

「沈家本與中國法律文化國際學術研討會」組委會編：《沈家本與中國法律文化國際學術研討會論文集》，中國法製出版社 2005 年版。

何勤華：《中國法學史》，法律出版社 2000 年版。

蘇力、賀衛方主編：《20 世紀的中國：學術與社會·法學卷》，山

東人民出版社 2001 年版。

蘇亦工：《明清律典與條例》，中國政法大學出版社 2000 年版。

江照信著：《中國法律「看不見中國」——居正司法時期（1932-1948）研究》，清華大學出版社 2010 年版。

黃靜嘉：《中國法制史論述叢稿》，清華大學出版社 2006 年版。

成曉軍：《譚延闓評傳》，岳麓書社 1993 年版。

李光燦：《評〈寄簃文存〉》，群眾出版社 1985 年版。

高漢成：《簽注視野下的大清刑律草案研究》，中國社會科學出版社 2007 年版。

羅志田主編：《20 世紀的中國：學術與社會・史學卷》，山東人民出版社 2001 年版。

楊鴻烈：《中國法律發達史》，範忠信、鄭智、李可點校，中國政法大學出版社 2009 年版。

張晉藩：《中國法律的傳統與近代轉型》（第二版），法律出版社 2005 年版。

張灝：《幽暗意識與民主傳統》，新星出版社 2006 年版。

錢大群：《唐律疏義新注》，南京師範大學出版社 2007 年版。

侯宜傑：《二十世紀初中國政治改革風潮：清末立憲運動史》，中國人民大學出版社 2009 年版。

陳新宇：《從比附援引到罪刑法定：以規則的分析與案例的論證為中心》，北京大學出版社 2007 年版。

丁凌華：《中國喪服制度史》，上海人民出版社 2000 年版。

高道蘊、高鴻鈞、賀衛方編：《美國學者論中國法律傳統》，中國政法大學出版社 1994 年版。

焦潤明：《梁啟超法律思想綜論》，中華書局 2006 年版。

何勤華、李秀清：《外國法與中國法：20 世紀移植外國法反思》，

中國政法大學出版社 2003 年版。

張云樵：《伍廷芳與清末政治改革》，臺北聯經出版社 1987 年版。

謝冠生、查良鑑：《中國法制史論集》，臺北中華大典編印會 1968 年版。

熊月之：《西學東漸與晚清社會》，上海人民出版社 1994 年版。

馬小紅：《禮與法：法的歷史連接》，北京大學出版社 2004 年版。

浙江圖書館編：《陳訓慈百年誕辰紀念文集》，北京圖書館出版社 2006 年版。

〔美〕孔飛力：《中華帝國晚期的叛亂及其敵人》，謝亮生等譯，中國社會科學出版社 1990 年版。

〔美〕布迪等著：《中華帝國的法律》，朱勇譯，江蘇人民出版社 2003 年版。

〔美〕何偉亞：《懷柔遠人：馬嘎爾尼使華的中英禮儀衝突》，鄧常春譯，劉明校，社會科學文獻出版社 2002 年版。

〔法〕托克維爾著：《論美國的民主》，董果良譯，商務印書館 1988 年版。

〔法〕孟德斯鳩：《論法的精神》，商務印書館 1963 年版。

〔英〕威廉·布萊克斯通：《英國法釋義》，游云庭、繆苗譯，上海人民出版社 2006 年版。

〔日〕仁井田陞著：《中國法制史》，牟發松譯，上海古籍出版社 2011 年版。

〔日〕滋賀秀三：《中國家族法原理》，法律出版社 2003 年版。

## 八　研究論文

何勤華：《清代法律淵源考》，《中國社會科學》2001 年第 2 期。

何勤華：《中國近代法律教育與中國近代法學》，《法學》2003年第12期。

何勤華：《法科留學生與中國近代法學》，《法學論壇》2004年第6期。

王志強：《中國法律史敘事中的「判例」》，《中國社會科學》2010年第5期。

王志強：《中英先例制度的歷史比較》，《法學研究》2008年第3期。

徐忠明：《晚清法制改革引出的兩點思考》，《北大法律評論》1999年第1期。

韓行方、房學惠：《勞乃宣致羅振玉手札十六通》，《文獻》1999年第4期。

裡讚：《「變法」之中的「法變」：試論清末法律變革的思想論爭》，《中外法學》2001年第5期。

李貴連：《近代中國法律的變革與日本影響》，《比較法研究》1994年第1期。

阿濤、祝環：《清末法學輸入及其歷史作用》，《政法論壇》1990年第6期。

田濤、李祝環：《清末翻譯外國法學書籍評述》，《中外法學》2000年第3期。

喬素玲：《鄭觀應與西方法律觀念的移植》，《嶺南文史》2002年第3期。

陸玉芹：《林則徐與〈滑達爾各國律例〉》，《鹽城師範學院學報》（人文社會科學版）2006年第3期。

唐啟華：《清季官方修約觀念與實踐之研究》，《政治大學歷史學報》2006年第26期。

程燎原：《中國近代法政雜誌的興盛與宏旨》，《政法論壇》2006年第4期。

郭婕：《勞乃宣法律思想略論》，《史學月刊》2000年第2期。

嚴存生：《近現代西方法與道德關係之爭》，《比較法研究》2000年第2期。

陳應琴：《明刑弼教思想的淵源、發展及其運用》，《海南大學學報》（人文社會科學版）2007年第2期。

楊志剛：《中國禮學史發凡》，《復旦學報》（社會科學版）1995年第6期。

歐德良：《從梁啟超看晚清功利主義學說》，《五邑大學學報》（社會科學版）2010年第4期。

何雲鵬：《〈大清新刑律〉對日本刑法的繼受及其反思》，《延邊大學學報》（社會科學版）2011年第2期。

李啟成：《領事裁判權制度與晚清司法改革之肇端》，《比較法研究》2003年第4期。

高漢成：《晚清法律改革動因再探——以張之洞與領事裁判權問題的關係為視角》，《清史研究》2004年第4期。

範忠信：《沈家本與新刑律草案的倫理革命》，《政法論壇》2004年第1期。

俞江：《傾聽保守者的聲音》，《讀書》2002年第4期。

李細珠：《張之洞與〈江楚會奏變法三折〉》，《歷史研究》2002年第2期。

尤陳俊：《「新法律史」如何可能——美國的中國法律史研究新動向及其啟示》，《開放時代》2008年第6期。

陳新宇：《誰在阻撓〈大清新刑律〉的議決？——章宗祥回憶辨偽及展開》，《清華法學》2011年第6期。

陳新宇：《〈欽定大清刑律〉新研究》，《法學研究》2011年第2期。

陳新宇：《近代中國刑法語詞的塑造——以外國刑法典的翻譯為研究對象》，《環球法律評論》2004年第2期。

〔日〕川尻文彥：《「自由」與「功利」——以梁啟超的「功利主義」為中心》，《中山大學學報》（社會科學版）2009年第5期。

## 九　博碩士學位論文

黃源盛：《沈家本法律思想與晚清刑律變遷》，臺灣大學法律學研究所博士學位論文，1991年。

彭劍：《憲政本土化中的集團政治——基於清季憲政編查館的研究》，南開大學歷史學院博士後出站報告，2007年。

高學強：《服制視野下的清代法律》，中國政法大學博士學位論文，2007年。

李欣榮：《清季的刑律修訂及其思想論爭》，北京大學博士學位論文，2009年。

音正權：《刑法變遷中的法律家（1902-1935）》，中國政法大學博士學位論文，2001年。

張國臣：《〈大清現行刑律〉初探》，中國青年政治學院碩士學位論文，2008年。

謝靜雯：《大清新刑律的禮教爭議》，臺灣大學法律研究所碩士學位論文，1986年。

王姍萍：《張之洞與中國法律的近代轉型》，河北大學碩士學位論文，2003年。

## 十　日文資料

〔日〕滋賀秀三編：《中國法制史——基本資料の研究》，東大出版會 1993 年版。

〔日〕島田正郎：《清末における近代的法典の編纂——東洋法史論集第三》，創文社 1980 年版。

## 十一　英文資料

Alabaster, E., Notes on Chinese Law and Practice Proceeding Revision. London: LUZAC&CO, 1916.

Wheeler G., Shen Jiaben (1840-1913): Toward a Reformation of Criminal Justice (New Haven: Ph.D. Dissertation), Yale University, 1998.

Alford P., "Law, Law, What Law？ Why Western Scholars of Chinese History and Society Have Not Had More to Say about Its Law", Modern China, 1997, 23(4), pp.398-399.

中華文化思想叢書 A0100078

# 禮之退隱：近代中國刑律變動及其思想爭論

| 作　　者 | 成富磊 |
| --- | --- |
| 責任編輯 | 林沛萱 |
| 實習編輯 | 蘇　簫 |
| 發 行 人 | 向永昌 |
| 總 經 理 | 梁錦興 |
| 總 編 輯 | 張晏瑞 |
| 編 輯 所 | 萬卷樓圖書股份有限公司 |
|  | 臺北市羅斯福路二段 41 號 6 樓之 3 |
|  | 電話 (02)23216565 |
|  | 傳真 (02)23218698 |
| 出　　版 | 昌明文化有限公司 |
|  | 桃園市龜山區中原街 32 號 |
|  | 電話 (02)23216565 |
| 發　　行 | 萬卷樓圖書股份有限公司 |
|  | 臺北市羅斯福路二段 41 號 6 樓之 3 |
|  | 電話 (02)23216565 |
|  | 傳真 (02)23218698 |
|  | 電郵 SERVICE@WANJUAN.COM.TW |

ISBN 978-986-496-610-3

2024 年 12 月初版

定價：新臺幣 280 元

本書為 110 學年度、113 學年度國立臺灣師範大學「出版實務產業實習」課程成果。部分編輯工作由課程學生參與實習。

如何購買本書：

1. 轉帳購書，請透過以下帳戶
   合作金庫銀行　古亭分行
   戶名：萬卷樓圖書股份有限公司
   帳號：0877717092596

2. 網路購書，請透過萬卷樓網站
   網址 WWW.WANJUAN.COM.TW

大量購書，請直接聯繫我們，將有專人為您服務。客服：(02)23216565 分機 610

如有缺頁、破損或裝訂錯誤，請寄回更換

版權所有・翻印必究

Copyright©2024 by WanJuanLou Books CO., Ltd. All Rights Reserved

**Printed in Taiwan**

國家圖書館出版品預行編目資料

禮之退隱：近代中國刑律變動及其思想爭論／成富磊著. -- 初版. -- 桃園市：昌明文化有限公司出版；臺北市：萬卷樓圖書股份有限公司發行，2024.12
　面；　公分. --（中華文化思想叢書；A0100078）

ISBN 978-986-496-610-3（平裝）

1. CST：中國法制史

580.92　　　　　　　　　　　　　111001756

本著作物經廈門墨客知識產權代理有限公司代理，由復旦大學出版社授權萬卷樓圖書股份有限公司（臺灣）出版、發行中文繁體字版版權。